U0946800

家族传承

张建华　景一　薛梅／著

机械工业出版社
CHINA MACHINE PRESS

在改革开放以来的三十余年时间里，中国第一代创业者积累了巨大的财富。这些财富既是家族的，也是中国三十余年积累的社会财富。这笔财富如何安全继承，不仅是财富创造者们面临的问题，更关系到中国在世界经济中的地位。

本书以问题为导向，针对家族财富如何传承、家族企业如何培养接班人和家族文化如何延续等传承过程中的重点问题提出解决方法，解决企业家们那些观念性的困惑与技术操作的困难。

图书在版编目（CIP）数据

家族传承/张建华，景一，薛梅著. —北京：机械工业出版社，2017.1

ISBN 978-7-111-56189-7

Ⅰ. ①家… Ⅱ. ①张… ②景… ③薛… Ⅲ. ①家族－私营企业－企业管理－研究－中国 Ⅳ. ① F279.245

中国版本图书馆 CIP 数据核字（2017）第 039201 号

机械工业出版社（北京市百万庄大街 22 号　邮政编码 100037）
策划编辑：刘　博　　责任编辑：刘　博
责任校对：舒　莹　　责任印制：常天培
涿州市京南印刷厂印刷
2017 年 3 月第 1 版第 1 次印刷
145mm×210mm • 8.125 印张 • 3 插页 • 127 千字
标准书号：ISBN 978-7-111-56189-7
定价：69.00 元

凡购本书，如有缺页、倒页、脱页，由本社发行部调换

电话服务	网络服务
服务咨询热线：（010）88361066	机工官网：www.cmpbook.com
读者购书热线：（010）68326294	机工官博：weibo.com/cmp1952
（010）88379203	金书网：www.golden-book.com
封面无防伪标均为盗版	教育服务网：www.cmpedu.com

引言

家族社会与家族传承

毫无疑问，我们已经步入家族社会！

家是以血缘为基础、最小的现代社会组织结构；家是社会组织的基础细胞，更是国家的缩影。家族是以血缘关系为基础，由数个家结成的社会组织，包括同一血缘的几代人。

在人类进化的历史长河中，家族既是人类文明发展的载体又是动力。我们甚至可以说：一部人类文明史，就是一部部家族的成长史。历史上，一些家族成长发展过程，其行为影响甚至改变了人类社会。如，我们耳熟能详的英国王室家族，至今已有一千多年历史、传承了七十余代。如今，英国女王已经看到自己第四代传人的出生。如果没有什么意外的话，我们可以预见百年后，温莎家族依然是英国象征。日本天皇家族更有一千二百多年的历史，传承百代。

人类文明社会发展大致可分三个时代：以氏族为主体的原始社会，也是所谓史前文明；以农耕为主的农牧业时代，这是家族、族群萌芽发展到成熟的时代，大约有两千多年的历史；工业时代，尤其工业革命后这两百余年，创造了超过人类有文明以来3000年的物质财富。而这个奇迹创造中，企业家以及企业家族做出了卓越贡献。这个时代是传统家族转化为现代家族的发展时代。家族用现代的组织方式改变了传统的观念，已经进入新家族时代。比如，人类第一位亿万富翁家族的洛克菲勒家族。洛克菲勒从发迹至今，家族已经绵延七代。还有我们经常讲起的罗斯柴尔德家族。

家族的成长是社会发展的一面镜子。中国人是以家族为本的。被誉为中国儒家文化圭臬四书五经的《大学》里讲："古之欲明明德于天下者，先治其国；欲治其国者，先齐其家；欲齐其家者，先修其身。"所谓，一家仁，举国兴仁，治国需要先"齐家"。

但实际上，我们这个民族对家族的传承方法及理念相比于西方国家是十分落后的。

我们首先看欧美，这些地方有悠久的家族传统。单从美国来讲，他的整个社会政治、经济都是由大家族来引领和掌控的。当有这样一些大的家族形成的社会精英阶层在引领这个社会，整个社会就不一样了。

我常常自问：为什么西方这些政治、企业家族能持续百年、千年？今天的中国，需要汲取哪些营养？我认为有以下几点。

第一，荣誉与使命。第一次世界大战期间，英国 600 万人参战，死亡率为 12.6%，但贵族学校的学生的死亡率是 45%；第二次世界大战期间，英国阵亡的 3000 余名飞行员，贵族占 85%。欧洲的社会精英有这样一句法语：noblesse oblige 译为“贵族的义务”或“高贵的义务”，被赋予财富和权力的特权阶层，也要承担与之相应的义务。为了培养继承人应有的素养，除了学校教育之外，在各种关键时刻，经营者还必须有意识地下大力气，让他们学习“帝王学”的基本理念。

第二，家族联姻。其实，欧洲王室成员之间通常沾亲带故，如果追溯到维多利亚女王时代，女王的子孙后代曾坐在 10 个欧洲国家的王位上，至今依然有 5 个国家的君主是她的后裔。约 90%的欧洲王室都和女王有血缘关系。企业家族的长盛不衰也是如此。两个不相干的人，如何建立血缘关系——婚姻。

第三，弹性的传承文化。首先是女性接班，英国王室历史上有7位女王，日本历史上也有6位女天皇；其次是妥协的文化,英国王室家族的姓氏是随着政治形势改变的：乔治、威廉、维多利亚、汉诺威、温莎。第一次世界大战，英国与德国互为敌对国。而当时英国王室是有德国血统的汉诺威王朝。面对英国的敌人，王室果断地把带有明显德国印记的汉诺威改为温莎，并一直沿用至今。

第四，培养。英国有句谚语：贵族是教育出来的。谈到教育，一是完整的国民教育；二是家族传统教育；三是履职教育。

第五，传承文化。美国哈佛大学克拉克教授研究表明，英国人的代际地位稳固相关性和财富代际传承率可达75%，亦即代际收入的相关系数有0.75。克拉克教授还指出，如果把过去七个世纪分成不同的时间段，英国社会财富阶层的连贯性基本没有变化，富有的姓氏家族有70%~80%的可能性继续富有，有50%左右的概率在两代后仍然富有。克拉克教授还用统计数字证明，自13世纪以来，英国政治精英阶层的家族稳固程度更甚，有91%的“官二代”可能成为政治精英。

在今天的中国社会，最具代表性的家族群体是企业家族群体。从20世纪80年代开始，经过三十余年的发展，中国民营资本用不到30%的国家资源，创造了65%以上的GDP、上交了50%税收、解决了80%的就业人口，以及超过70%的公益捐款。中国民营企业用三十多年的时间，走过了西方企业300年的发展历程，打造了一批比肩世界的企业，如：万科、华为、联想等。在中国历史上，企业家和企业家族从没有像今天这样不仅和国家民族利益密切相关，而且和世界甚至人类社会的发展紧密相关。

一方面，“修身、齐家、治国、平天下”是中国人的文化传统。把经营好“家”，放到了人生成长的重要位置。换言之，人生最大的失败，是没有经营好“家”。另一方面，中国人似乎又跳不出“富不过三代”的宿命。财富的积是经历积攒、毁灭，再积攒、再毁灭，永远在“勤劳”的道路上奔波。

当然，中国少有延续百年、千年的大家族，也有客观因素：

（1）中国独特的地理环境。中国四周的少数民族，但构成威胁的主要是北方游牧民族。逐水草而居，当地气候特别寒冷和干旱的时候，他们就向相对温暖的地带迁徙。而这个相对温暖的地方，就是农耕民族活动地带。西周末期的犬戎南下，魏晋南北朝的五胡乱中华均是如此。

（2）自然灾害。历史上每 300 年左右，黄河就会大改道一次，与此对应的是中原汉人的大迁徙。而这种情况也与中国历史上王朝一般延续 300 年相契合。所以，历史上，中国历朝统治者一是治理水患，二是对外用兵。

（3）社会文化。在王朝更迭中，我们对财富继承的观念变得淡薄。最典型的是项羽推翻秦王朝，一把火烧了秦王宫，也烧了大秦王朝积攒的财富。其次，是中国厚葬文化，大量的财富被埋在地下，而不是财富的再创造（财富只有流动才能实现再创造）。

大约 15 年前，我第一次接触中国民营企业的家族传承问题，并开始系统思考家族的传承。2008 年，我写过一本《富过三代：家族企业如何培养接班人》，讨论家族企业最迫切的接班人培养问题。今天，中国经济和中国企业家群体发生了很大的变化，家族传承开始成为比企业传承更广泛的话题。如果说，十年前，我们要解决的是家族企业接班的问题，那么过去这个十年的经验和教训是，接班已经在或成功或失败中实践了各种各样的方案，而财富的传承与文化的传承成为今天关切的话题。所以，今天，我想在家族企业传承的基础上，着眼家族传承，看看我们如何从更广阔的视角，以更开放的心态，接受代际的转换与传承，不仅包括家族企业的传承，更包括家族财富的传承以及家族文化的传承与永续。

家族的延续靠传承。人类社会自有文明以来，就在探索家族的传承之道。换言之，家族传承是民族和国家文明的一个组成部分。站在世界历史高度看，一个家族在长达千百年历史进程中一直长盛不衰,无疑是一种值得关注的文化现象。

从民族社会、族群社会到以家庭为基本单元的新家族社会，人类社会文明的发张进程中，传承始终是文明进步发展的核心。

传承实际上包括三个方面。

第一，血缘的传承。人类血缘传承经历上万年的进化，其文明标志是婚姻制度的确立和发展。这是人类最基本的文明。

第二，财富、财产的传承。人类传承中，财富的传承具有特殊地位。财富传承是家庭和私有制度的起源，也是社会文明进步的标志。

第三，文化传承。家族文化是社会文化的一个组成部分，有着鲜明的家族烙印。有什么样的文化，就有什么样的血缘和财富传承方式，进而就有什么样与之相匹配的传承制度。

本书的三个部分重点回答以下三个问题：

第一个问题，家族财富传承。重点回答为什么要传承？传承给谁？以及操作层面上如何用现代产权制度解决财产继承、家族财富管理办公室、家族信托、家族基金等问题。

第二个问题，家族企业传承。重点谈谁能接班？培养接班人的六个步骤。

第三个问题，家族精神的传承和延续。谈家族传承过程中的文化传承问题。

本书以问题为导向，解决那些观念性的困惑与技术操作性的困难。

目 录

上 篇

家族财富传承

家族传承，首先是财富的传承，而财富传承，回避不了的是人类社会的财富分配。在现代社会中，人类社会的财富是这样分配的，换句话说，作为个体，我们是这样获得财富的：

第一次分配，通过劳务、资金以及知识贡献获取工资报酬、股息和红利等财富。

第二次分配，通过个人和公司所得税以及消费税的方式，调节了在第一次分配中高收入者的收入。这部分收入，用税收的方式，把一部分钱集中用于公用事业、社会福利等开支，我们通过社会公共服务和福利获得财富。

第三次分配，遗产和遗产税。现代文明制度下，发达国家为避免财富集中于少数家族、少数人手中，通过征收高达 50%～80%遗产继承税，来调节财富分配。其基本理念是让财富通过三、四代遗产继承来还富于社会。为适应这种财富分配，企业家族通过家族信托等方式，既及时有效地传承了资产，也避开了由于遗产税等给企业后续经营发展带来的不利影响。

财富传承，对中国人来说是新课题。在人类文明进化过程中，形成公认和代表的有四大文明古国。中国在四大文明古国中不仅延续最长，而且在几千年人类历史上绝大多数时间里，中国人在创造、延续文明的同时，也引领着世界经济。通俗地讲，在 2500 余年的文明史中，中国有

2200 余年是世界首富，中国人在这块土地上创造了巨大的物质文明。18 世纪后，中国经济逐渐衰退，到 20 世纪 70 年代末到达谷底。

经历改革开放以来 30 余年的发展，中国成为世界第二大经济体，在我们可以预见的时间里，中国有机会重回世界第一大经济体位置——这是我们引以为豪的事情。

我们在这里谈传承，一个重要问题常常被忽视：那就是，有 5000 年历史的中国，为什么没有 200 年历史的美国富有？曾经 2200 余年占据了世界经济首富地位的中国，祖上的财产都到哪里去了？总结下来，主要有三方面原因：第一，几千年的农业文明所创造的财富总量远小于几百年工业文明所创造的财富；第二，战争造成了大量的财富损失；第三，中国的财富拥有者喜欢在死后将大量财富埋在地下而不是留给后代创造更多财富。

其实，我们看现代工业文明 300 年的历史，英国、瑞士等国家，虽然已经不是所谓世界经济大国，但他们国家的人民依然富有，这不能不说是文化与制度的原因。

如果说，当代中国人用 30 余年时间走过欧美国家 200 年的发展道路，再次创造了巨大的社会和家族财富，那么未来我们要用 10 年时间继续学习、创造属于我们自己的财富管理、财富传承方法。

第一章 为什么要传承？

谈传承，就回避不了“为什么要传承”这个问题。从1980年开始，以“50后”“60后”“70后”为主的中国人创造了巨大的社会和家族财富。据胡润“2016年百富榜”显示，中国排名前1000位的富人资产总计已达10万亿元，如果加上近千万家工商企业家，中国第一代创业者们累积财富已超过100万亿元，他们中的大多数人都面临着家族企业和财富的传承问题。这笔巨大的财富，既是家族的，也是中国 30 余年积累的社会财富。这笔财富如何安全传承，不仅是财富创造者们面临的问题，更关系到中国在世界经济中的地位问题。

第一节 “富不过三代”是谎言

中国有句俗语：“富不过三代”。每当我们谈到传承，一些人会用这句话来回答，进而否定传承的意义。真是这样吗？其实，“富不过三代”是个伪命题！

下面，我们看看其他国家的情况。在英国，最典型的是王室温莎家族，已经传承 70 多代，近 1200 年；在欧洲，传承数百年的家族比比皆是。即便在历史只有 200 多年历史的美国，也有几十家传承数代的望族。如，布什家族、肯尼迪家族，以及我们耳熟能详的洛克菲勒家族等。这些家族参与建设了美国，至今还在对这个国家产生着影响。

再看国内。几年前，我曾到山西考察晋商文化。作为晋商的典型，晋中的常家、乔家、王家是具有代表性的家族。三家的祖先都起于布衣百姓，从卖豆腐等小商贩开始，由农及商，由商及金融（票号），而且均传了 10 代以上。其实，近代以来，亚洲地区华人企业家族传承超过三代也不乏少数。从询证角度看，“富不过三代”是伪命题，甚至是个谎言。

第二节　家族传承不仅仅是家族的事情

我们今天谈家族的传承，有必要先站在历史高度思考这个问题。改革开放以来，中国人用一代人的时间创造了西方两百年才积累下的财富。尤其是自2000年以来，中国连续超越世界排名靠前的发达国家，到2012年，成为世界经济总量排名第二的经济大国。在这场竞争中，中国民营企业功不可没。

在中国历史上，企业家和企业家族从没有像今天这样不仅和国家利益密切相关，而且和世界甚至人类社会的发展紧密相关。中国企业家群体已成为社会文明与发展的砝码，成为中国国家竞争力的一个重要部分。但我们也应该看到，中国近800万家民营企业，有相当一部分已在传承中淘汰。比较典型的是山西海鑫集团数百亿资产、上万人的员工队伍，在短短十年时间，沦落到破产地步。

历史和现实告诉我们：做不好传承，不仅是社会财富的浪费，也波及企业员工家庭，影响社会稳定，最终影响的是国家竞争力。

从企业层面看，传承具有现实意义。我曾在北京大学讲过两年的“家族企业传承”课程，先后接触到近千位企业家。企业家们普遍关心的是三个问题：人身安全、财产安全和家人（包括下代人）“过有尊严的生活”。其实，这三个问题是相辅相成的，没有人身安全就不可能有财产安全，更不可能“过有尊严的生活”；如果没有财产安全，人身安全也难以保障。

有一次，我在给企业家学院上课时谈到“豪门恩怨”。一位学员说：老师，我们家就没有恩怨。我笑着回答：没有恩怨，说明你们家还不是“豪门”。台湾化工大王王永庆家族、海运大王张荣发家族甚至香港霍英东家族，在掌门人故去后家族内部因为财产分配纠纷连绵数年、诉诸公堂，至今还没有看到什么结果。

传承中的制度和法律安排，通过法律预设机制来保证财产安全，从而也保证后代能够“有尊严地生活”。

传承是由两代人共同完成的事业。传承实际上是个过程，包含了两个衔接的动作：一者为“传”，一者为“承”。上代为“传”、为授，下代为“承”、为受。

第三节　家族传承已经成为一门科学

随着人类现代文明的发展，家族传承这种单个家族、个体的事情，逐渐发展为一种社会行为，形成一门科学。既然是科学，也就有了可以学习、借鉴的方式。

家族传承工作是通过现代企业制度、法律、信托，以及家族财富管理办公室等专业机构和专业组织协同家族完成的。作为独立的第三方，在法律、道德和市场的约束下，有些家族办公室等专业机构，实际上已经伴随家族几代人了。

站在中国历史的高度看，中国“50 后”“60 后”“70 后”是这个时代的创富者，他们创造了超过中国历史上任何一代所创造的财富；本着对历史、对国家、对社会，也是对家族负责的态度，传承好财富是历史使命、更是义不容辞的责任。

既然“富不过三代”是伪命题，那我们为什么不打破呢？现代工业文明 300 年的历程，已经为我们打破这个伪命题提供了理论和实践的武器。

第二章 传承给谁?

家族的传承，不仅仅是血缘传承，更是一个系统工程。

第一节 “传给谁”的不同维度

对于一个家族来讲，“传给谁”是三个层面的问题。

一、法定继承层面

所谓法定继承是指按照《中华人民共和国继承法》（以下简称《继承法》）规定的继承人范围、继承人顺序、遗产分配原则的一种继承方式。由于这种继承是在没有遗嘱时发生法律效力的，故又称无遗嘱继承，又因为法定继承人的范围只限于被继承人的亲属，所以也称为家庭继承。法定继承的顺序：第一顺序为配偶、子女、父母；第二顺序为兄弟姐妹、祖父母、外祖父母。按照法律规定，同一顺序继承人继承遗产的份额，一般应当均等，除非继承人协商同意的，才可以不均等，对中国大多数家庭来说，以这种传承方式为主。

在法律意义上的财富继承，主要有六种关系继承人，也就是所谓的“法定继承人”。

1．配偶

配偶是指合法婚姻关系存续期间一方对另一方的称谓，夫以妻为配偶，妻以夫为配偶。配偶是基于婚姻关系而成立的亲属。《中华人民共和国婚姻法》（以下简称《婚姻法》）第二十四条第1款规定：“夫妻有相互继承遗产的权利。”只要与被继承人根据法律规定履行了结婚登记手续，即使没有同居生活，彼此之间也存在法定继承权。若与被继承人建立的婚姻关系无效或者被继承人死亡时婚姻已解除，则另一方不再享有法定继承权。但是，夫妻双方已向法院起诉离婚，在离婚诉讼过程中，或在法院的离婚判决生效前，一方死亡的，另一方仍可以配偶的身份继承遗产。需注意的是，双方当事人之间签订了离婚协议书并不具有解除婚姻的效力。如果双方协议离婚，已达成离婚协议，但在依法办理离婚手续期间，一方死亡，另一方仍可以配偶身份继承遗产。

关于事实婚姻的配偶的继承权问题。事实婚姻是指没有配偶的男女，未进行结婚登记，便以夫妻名义同居生活，群众也认为是夫妻关系的两性结合。根据我国《婚姻法》第八条规定:“要求结婚的男女双方必须亲自到婚姻登记机关进行结婚登记。符合本法规定的，予以登记，发给结婚证。取得结婚证，即确立夫妻关系。未办理结婚登记的，应当补办登记。”可见，我国现在不承认事实婚姻。根据《最高人民法院关于适用〈中华人民共和国婚姻法〉若干问题的解释（一)》第五条规定，1994 年 2 月 1 日民政部《婚姻登记管理条例》公布实施以前，男女双方符合结婚实质要件的，按事实婚姻处理。一方死亡的，另一方可以按照事实婚姻的配偶关系享有继承权。1994 年 2 月 1 日民政部《婚姻登记管理条例》公布实施以后，男女双方即使符合结婚实质要件的，只要没有补办结婚登记的，按非法同居处理。一方死亡的，另一方不能以配偶关系享有继承权。

2. 子女

子女是与父母血缘关系最近的亲属。父母、子女是家庭共同生活及亲属间抚养权利义务的基本主体，具有密切的人身和财产关系，所以，父母死亡后，子女理所应当就成为法定继承人。《婚姻法》第二十四条第 2 款规定：“父母和子女有相互继承遗产的权利。”而我国《继承法》第十条规定：“本法所说的子女，包括婚生子女、非婚生子女、养子女和有抚养关系的继子女。”亲生子女包括婚生子女和非婚生子女。依据《继承法》的规定，不论是婚生子女，还是非婚生子女，都享有同等的继承权。

我国《婚姻法》规定，非婚生子女享有与婚生子女同等的权利，任何人不得加以危害和歧视。所以，非婚生子女也是生父母遗产的法定继承人，其不仅有继承其生母的遗产，并且也有权继承其生父的遗产，不论其生父是否认领该非婚生子女。因此，亲生子女，不论是男是女，不论是随母姓，还是随父姓或姓其他姓，不论是否与父母共同生活，不论是否已结婚，不论婚后女到男家落户还是男到女家落户，不论是在生父母生前确认亲子女关系还是死后才确认亲子女关系，均是法定的继承人，依法享有平等的继承权。

养子女是指因收养关系依法成立而与养父母形成的法律拟制血亲关系的子女。《中华人民共和国收养法》（以下简称《收养法》）第二十三条规定：“自收养关系成立之日起，养父母与养子女间的权利义务关系，适用法律关于父母子女关系的规定；养子女与养父母的近亲属间的权利义务关系，适用法律关于子女与父母的近亲属关系的规定。养子女与生父母及其他近亲属间的权利义务关系，因收养关系的成立而消除。”我国《婚姻法》第二十六条规定：“国家保护合法的收养关系。养父母和养子女间的关系的权利义务，适用本法对父母子女关系的有关规定。”所以，养父母子女之间的拟制血亲关系，随收养关系的成立而成立，同时，被收养的子女与其亲生父母间的关系解除。收养关系一经成立，养子女便取得与婚生子女同等的法律地位，当然就有权继承养父母的遗产。但由于其与生父母间的权利义务已解除，在与其生父母的权利义务关系没有恢复前，养子女无权继承其生父母的遗产。另外，在我国司法实践中，若收养人与被收养人间的年龄相差悬殊时，尽管双方以养祖父母与养孙子女相称，但实际上双方之间仍属于养父母养子女的关系，所以在发生继承时，应当视为养父母与养子女进行继承。

继子女与继父母是子女因其父亲或母亲再婚时与父或母的配偶之间形成的亲属关系。我国《婚姻法》第二十七条规定：“继父母与继子女间，不得虐待或歧视。继父或继母和受其抚养教育的继子女间的权利和义务，适用本法对父母子女关系的有关规定。”《最高人民法院关于贯彻执行民事政策法律若干问题的意见》第三十七条规定：“继父、继母与继子女间，已形成抚养关系的，互有继承权。继子女继承了继父母遗产后，仍有继承生父母遗产的权利。”继子女与继父母之间是一种姻亲关系。继子女与继父母并不必然形成法律上的权利义务关系，继子女对继父母的遗产是否享有法定继承权要取决于继子女与继父母之间有无抚养关系。没有形成抚养关系的继子女与继父母，彼此不具有法定继承权。存在抚养关系的继子女与继父母在法律上已形成拟制血亲关系，相互间互为法定继承人。可见，有抚养关系的继子女有双重继承权，既有权继承继父母的遗产，也有权继承生父母的遗产。

在我们现实生活中，还存在一种“干亲关系”，即没有亲属关系的人通过结拜而形成的类似父母之间的一种关系，长辈称为“义父”（干爹）、“义母”（干妈），晚辈称为“义子”（干儿）、“义女”（干女），这是一种民间习俗。由于义子、义女与义父、义母之间没有血缘关系，法律上不承认他们之间的所谓父母、子女关系，所以，他们之间并没有法定继承权，不能相互继承遗产。

3. 父母

父母是子女最近和最直接的直系尊亲属。父母子女之间具有最密切的人身关系和财产关系，父母对未成年子女承担着抚养教育的权利和义务，成年子女对父母有赡养、扶助的义务，其相互之间依法享有继承遗产的权利。对此，我国《婚姻法》第二十四条第 2 款规定："父母和子女有相互继承遗产的权利。"我国《继承法》第十条第 4 款规定："本法所说的父母，包括生父母、养父母和有抚养关系的继父母。"这一规定是符合我国实际的。

生父母与其所生育的子女间有着自然的血亲关系，生父母对其亲生子女有法定的继承权，不论该子女是婚生的，还是非婚生的。但是，亲生子女已由他人收养的，生父母对其不再享有法定继承权。收养关系解除后，生父母子女间依法恢复法律上权利义务关系的，生父母对其生子女享有法定继承权。养父母是基于收养行为，与养子女形成父母、子女关系。收养关系一经成立，养父母与养子女之间即形成法律拟制的直系血亲关系，产生法律上的权利义务关系，且其权利义务关系完全等同于亲生父母、子女间的权利义务关系。所以，在合法有效的收养关系存续期间，养父母是养子女的法定继承人。养父母离婚与否不影响其对养子女的法定继承权。无论养子女归养母抚养，还是归养父抚养，只要没有依法解除收养关系，养父母与养子女间的法律拟制父母子女关系就依然存在，养父母仍有权继承养子女的遗产。

继父母是子女对生父或生母的后婚配偶的称谓。继父母对继子女的遗产是否享有继承权，应根据其是否形成抚养关系而定。继父母与继子女形成抚养关系的，相互间产生法律上的权利义务关系，继父母对继子女有继承权。如果继父母与继子女之间只存在名义上的关系，而实际上并未形成抚养关系，则继父母无权继承继子女的遗产。可见，与继子女形成抚养关系的继父母有双重继承权，既可继承继子女的遗产，又可继承其生子女的遗产。

4. 兄弟姐妹

兄弟姐妹是血缘关系最近的旁系血亲。我国《婚姻法》第二十九条规定:“有负担能力的兄、姐，对于父母已经死亡或父母无力抚养的未成年的弟、妹，有抚养的义务。由兄、姐抚养长大的有负担能力的弟、妹，对于缺乏劳动能力又缺乏生活来源的兄、姐，有抚养的义务。”相应地，我国《继承法》规定，兄弟姐妹相互为第二顺序继承人，兄弟姐妹之间相互有继承权。

按照我国的民族传统和风俗习惯，兄弟姐妹之间生活上相互照顾，经济上相互帮助、精神上相互慰藉。在现实生活中，健康的兄弟姐妹照顾丧失劳动能力的兄弟姐妹，成年的哥哥姐姐协助父母抚养弟弟妹妹，在父母去世时成年的哥哥姐姐承担起抚养无独立生活能力的弟弟妹妹，这些都已经成为我国的传统和习惯。因此，将兄弟姐妹列为法定继承人是符合我国国情的。

我国《继承法》第十条第5款规定：“本法所说的兄弟姐妹，包括同父母的兄弟姐妹、同父异母或者同母异父的兄弟姐妹、养兄弟姐妹、有抚养关系的继兄弟姐妹。”可见，兄弟姐妹的范围应界定为：同父母的兄弟姐妹、同父异母或者同母异父的兄弟姐妹、养兄弟姐妹、有抚养关系的继兄弟姐妹。因此结拜的兄弟姐妹不属于继承法上兄弟姐妹的范畴，彼此间不享有法定继承权。

亲兄弟姐妹是指由父母所生育的彼此具有间接血缘关系的亲属，包括全血缘关系的兄弟姐妹和半血缘关系的兄弟姐妹。全血缘关系的兄弟姐妹又称同胞兄弟姐妹，是指同一父母所生的兄弟姐妹。半血缘关系的兄弟姐妹包括同父异母或同母异父的兄弟姐妹。依据我国《继承法》规定，全血缘关系的兄弟姐妹和半血缘关系的兄弟姐妹之间有平等的继承权。

养兄弟姐妹是基于收养关系的成立而在被收养人与收养人的其他子女间产生的亲属关系，是一种法律拟制旁系血亲关系。根据我国《收养法》第二十三条规定，自收养关系成立之日起，养子女与养父母间的权利义务关系，适用法律关于子女与父母间权利义务关系的规定；同时，养子女与生父母及其他近亲属间的权利义务关系，因收养关系的成立而解除。

可见，在收养人的养子女与生子女、养子女与养子女之间便形成了养兄弟姐妹关系，其法律地位等同于亲兄弟姐妹间的权利义务关系，彼此间互有继承权。而被收养人于其亲兄弟姐妹间的权利义务关系，因收养关系的成立而解除，彼此不再相互享有继承权。但是，如果收养关系解除，养兄弟姐妹的权利义务关系也随之解除，相互间的法定继承权也随之消除。被收养人于其生父母恢复父母子女关系的，其与亲兄弟姐妹间的权利义务关系也随之恢复，相互间互有继承权。

继兄弟姐妹是指基于父或母再婚而形成的亲属关系。在现代各国继承法中，大多不承认继兄弟姐妹间的继承权，认为继兄弟姐妹间是姻亲关系而非血缘关系。我国法律规定，形成抚养关系的继兄弟姐妹间相互享有继承权，这是我国继承立法的独创。有学者认为其理论依据是，继兄弟姐妹间虽然没有血缘关系，但由于其父母再婚而形成姻亲关系，形成抚养关系的继兄弟姐妹间也就产生了权利义务关系，依据权利义务相一致的原则，形成抚养关系的继兄弟姐妹间应当相互有继承权。

《最高人民法院关于贯彻执行〈中华人民共和国继承法〉若干问题的意见》第二十四条规定："继兄弟姐妹之间的继承权，因继兄弟姐妹之间的抚养关系而发生，没有抚养关系的，不能互为第二顺序继承人。"因此，继兄弟姐妹之间是否互有法定继承权，关键是看他们之间是否已形成抚养关系。如果继兄弟姐妹之间没有共同生活或仅仅共同生活，相互间并没有形成抚养关系，则继兄弟姐妹间就不产生法律上的权利义务关系，彼此不享有法定继承权。只有相互间形成了抚养关系的继兄弟姐妹，才互有继承权。

所以，继兄弟姐妹间继承权的发生，并不以继父母子女间发生的抚养关系为依据，而是以继兄弟姐妹之间发生的抚养关系为根据的。

此外，继兄弟姐妹间形成了抚养关系的，不影响其与亲兄弟姐妹间的权利义务关系，有抚养关系的继兄弟姐妹之间相互继承了遗产的，不影响其继承亲兄弟姐妹的遗产，即享有双重继承权。

5. 祖父母、外祖父母

祖父母是子女对父亲父母的称谓，外祖父母是子女对母亲父母的称谓。祖父母、外祖父母是孙子女、外孙子女除父母以外最近的直系尊亲属。从世界各国的继承立法上看，有的直接将祖父母规定为一个顺序继承人，有的将祖父母规定为与父母同为尊亲属的继承顺序。祖父母、外祖父母均为法定继承人的范围之内，这是各国立法的通例。

我国《婚姻法》第二十八条规定：“有负担能力的祖父母、外祖父母，对于父母已经死亡或父母无力抚养的未成年的孙子女、外孙子女，有抚养的义务。有负担能力的孙子女、外孙子女，对于子女已经死亡或子女无力赡养的祖父母、外祖父母，有赡养的义务。”

依据我国《继承法》规定，祖父母、外祖父母作为孙子女、外孙子女的第二顺序法定继承人，对孙子女、外孙子女的遗产享有继承权。

值得注意的是，法律排除了有抚养关系的继祖父母、继外祖父母对继孙子女、继外孙子女的继承权。我国《继承法》及相关司法解释没有特别规定祖父母、外祖父母所含的范围，根据法律精神，祖父母、外祖父母作为孙子女、外孙子女的法定继承人，应包括有自然血缘关系的生祖父母、生外祖父母，和因收养关系的成立而形成的养祖父母、养外祖父母。

6. 公婆、岳父母

对公婆、岳父母尽了主要赡养义务的丧偶儿媳、女婿。儿媳、女婿与公婆、岳父母之间是以婚姻关系为纽带而产生的亲属关系，属于姻亲关系，相互之间并没有自然的血缘关系，没有法定的权利义务关系，所以说他们之间也就没有赡养、抚养的权利义务关系，彼此一般也不发生法定继承关系。但是我国《继承法》第12条规定："丧偶儿媳对公、婆，丧偶女婿对岳父、岳母，尽了主要赡养义务的，作为第一顺序继承人。"可以说，这是我国继承立法的独创，是世界继承立法中唯一有此规定的国家。我国历来有夫妻共同赡养父母的传统，为了弘扬这一民族传统，鼓励尊老养老的社会精神，充分发挥家庭职能的作用，减轻国家和社会负担，保障老年人的晚年生活，体现法律的公平原则，有必要作此规定。

二、遗嘱继承层面

遗嘱继承是指按照立遗嘱人生前所留下的符合法律规定的合法遗嘱的内容要求，将遗产的全部或部分指定由法定继承人的一人或数人继承。我国《继承法》第十六条规定："公民可以依照本法规定立遗嘱处分个人财产，并可以指定遗嘱执行人。公民可以立遗嘱将个人财产指定由法定继承人的一人或者数人继承。公民可以立遗嘱将个人财产赠给国家、集体或者法定继承人以外的人。"遗嘱继承可以是法定继承人以外的其他人，由谁继承，是由被继承人生前所立遗嘱决定的，如果被继承人生前其法定继承人不履行赡养义务，而法定继承人以外的其他人却尽了赡养义务，使被继承人在生活上得以照顾，在精神上得以慰藉，被继承人生前立下遗嘱，指定尽了赡养义务人（法定继承以外的）继承其遗产，是合法的，是受法律保护的。遗嘱继承在民法中优先于法定继承。

立遗嘱人应在自己意识清晰的时候，有两个没有利害关系的见证人在场见证的情况下，在没有任何外来压力的情况下，清楚表明自己的真实意志，如有必要，最好进行遗嘱公证。遗嘱公证是效力最高的遗嘱。《继承法》第十七条规定：“公证遗嘱由遗嘱人经公证机关办理。自书遗嘱由遗嘱人亲笔书写，签名，注明年、月、日。代书遗嘱应当有两个以上见证人在场见证，由其中一人代书，注明年、月、日，并由代书人、其他见证人和遗嘱人签名。以录音形式立的遗嘱，应当有两个以上见证人在场见证。遗嘱人在危急情况下，可以立口头遗嘱。口头遗嘱应当有两个以上见证人在场见证。危急情况解除后，遗嘱人能够用书面或者录音形式立遗嘱的，所立的口头遗嘱无效。”

三、股权继承层面

企业家族的传承，多为遗嘱继承和股权继承的结合。所以，我们这里探讨的传承，更多的是指遗嘱继承与股权继承的结合。是指上代将所创财富（企业、事业）对下代的有效传承。

对中国企业家来讲，更重要的是事业的传承。简单地说，是创业一代退出一线时，接班的是谁、用什么样的组织方式（包含了分配方式），在原有事业基础上持续创造财富。

第二节　“家产均分”与“不可分国”

一、家产均分

在传给谁的问题上，中国传统上形成了两种家产传承的方式。

第一种，自汉代开始强调的：父母在，不析分。父母健在就要分家另立居，被视为一种不孝行为；因此要到父母双亡之后才把家产传给下一代。这种方式是一次性析产，是最典型的“继承”。

第二种，在孩子们长大成人（一般以结婚为标志）后，就陆续分财异居，但留下一部分财产在父母手中，到父母故去后再最后一次分清。这种方式是两次性析产或多次性析产方式，习惯称作“生分”或“析分”。

无论多次性还是一次性析分，都以“平均”为首要原则。男子单系继承家产是历史上各民族的通常做法，但相对于古代日本和西欧各国的长子或幼子一人继承制，“诸子平均”是中国家产继承制度的特征，其中“平均”是最主要的特征。在《唐律疏议》第四篇《户婚律》中甚至具体规定了分家产不均的处罚方法："同居应分，不均平者，计所受，坐赃论，减三等"，多占家产被视为与偷盗相近的罪过。

我国的家产继承方式一直以"诸子平均析产"为主，在商鞅变法时期已经形成，一直通行到现代。"诸子平均析产"是指沿着直系血缘关系中的男系进行家产传继，同辈亲兄弟之间平均分配。亲生儿子不分嫡庶都是家产的"第一继承人"，没有什么理由能取消亲生儿子的家产继承权，甚至犯了不孝之罪也不剥夺其继继承权，为了保证家庭门户的正常传承，连法律都表现出了特有的宽容。

在中国的文化理论中要"家产均分"，按照法律的规定，所有的子女确实都有平等的继承权的。因此，在实践中，父母死后，儿子们都是要均分家产的。最终，中国人的"家"总是越分越小，财产越分越少。均分家产是中国家庭传承文化的核心，而这种文化在中国企业传承中导致企业"均分"。

华人似乎都脱离不了分家的家族文化诉求和价值选择。台湾宏碁集团创始人施振荣把宏碁集团交给了王振堂、李焜耀和林宪明三个部下，同样是把一个宏碁变成了三个宏碁——一个是从PC传统业务转而侧重电子商务和IT服务的新宏基集团；一个是制造和销售多种IT消费类产品的明基集团；一个是主打代工市场的纬创集团。

我们从世界范围来看，一些大家族传承到后来，财产积累得越来越多的可能性非常小；财富越来越分散、家族越来越式微、企业越来越萎缩的反而占多数。

起家于四川的刘永好兄弟四人靠生产饲料起家，成为中国饲料市场的行业主导者。1999 年，为了清晰产权，刘家产业一分为四。柳传志在公司传承过程中，把老“联想”分成新“联想”和“神州数码”，把两面大旗分别交给两个“领军人物”——杨元庆和郭为。这导致了早期的联想被一分为二。

二、不可分国：家族应该成为一个“国”

很有意思的是，同样在儒家文化熏陶下，中国人普遍认为，家可分，而且要均分，但国不可分，更谈不上均分了。

在以儒家理论为文化主体的中国，虽然“国”与“家”常常连在一起使用，称“国家”，但在对待“国”与“家”上，却有严格的区分，其中很重要的一点，要“家产均分”，但 “不可分国”。

“国”一旦成立，可以换皇帝、换国号，但“国”本身是不能分的。老皇帝（先帝）驾崩，新皇帝继位，那些没有当选的皇子们是绝对不能在这个“国”中分一块家产——国土的。即使那些功盖当世的皇子们暂时到外面当了藩王，也避免不了被削藩的结局。在这种延续中，无论是皇帝宗族中的同门兄弟，还是其他王公大臣，一旦有“分国”的意图和倾向，其结局只有一个——被皇帝削藩甚至杀死。这是战国时代结束后，中国两千年历史中的主流，保证了中国分分合合的历史中以“合”时为多，即使是在“分”时，所有势力的努力方向也都是大一统的“合”。

这也是西方文化的基调。在 GE（美国通用电气公司）的传承文化中，每一任新的 CEO 上任后，所有曾经的竞争对手都要无条件离开 GE，确保 GE 能够毫无障碍地交由新的 CEO 掌舵。

真正去看传统的本源，无论家产继承采取哪种方式，核心目的都是要保证家族的延续，各种具体的程序和路径也都是为此而设计和发展的。这是我们认识家产继承的初衷与核心。因此，对于富裕家族来说，绝对不是所有的成员都有平均的继承权。均分是最大的谬论，是最简单低级的分配方式。企业的“分家”，实际上是削弱了企业发展的实力。从经济发展角度看，“分家”就是使企业财富积累在时间和空间上夭折。并且，这种企业文化的奠定，为下一代创造了可以无限制地把家产和企业分下去的依据。我想，这种文化上的“分”，促使企业自身不断分裂，家族财产不断分散，企业难以做大，家族难以长期凝聚。均分往往导致家族企业的分裂与败亡，导致家族财富的消耗与损失蚀尽。

所以，无论经营家族企业，还是经营家族，要像经营国家一样：以治国的方式治家，这是中国家族富过三代的一种制度选择、文化选择。

第三节　“传给谁”的现实选择

中国传统的传承是以传子为主。操作上，家产一般是不传女儿的。

但中国社会起于 20 世纪 80 年代初并延续了 35 年的“计划生育”政策，在中国今天的世纪传承大考中，使大多数企业家族对传给谁，成了一个没有选择的选择。少子女甚至独生子女一代，让今天的企业家在“传给谁”的问题上没有选择。在过去，很多家族会选择传男不传女。但我们现在子女比较少，所以性别就不那么重要了，无论男女，都面临着“被传承”的问题。

娃哈哈创始人宗庆后、新希望集团刘永好和东方希望的刘永年兄弟都把企业传承给了女儿。

我们看看，中国古代的皇帝是怎么来保证传承的吧！简单来说，就是要“亲中选贤，贤中用亲”。首先，靠数量来保证优选。皇帝通常有三宫六院七十二妃，这一群后宫佳丽都有可能给他生孩子。在这些男性后代当中，他可以选择最优的。如果有两个都比较优秀，再选一个跟自己更亲的。

现在家庭没有这么多孩子，就算发生了争执，由家长来做一个裁决和平衡就可以了。比如李嘉诚把自己的产业传给了大儿子，然后拿出一部分现金给小儿子，让小儿子另外开辟天地。

目前在中国，“传给谁”这个问题，好像矛盾不大，但是缺少了靠数量择优的可能性。想要有一个又能干、又亲近、身体又好的继承者，成功的偶然性很大。也就是说，虽然比较容易选择传给谁，但是传了之后能否成功，不确定性变大了。

这几年一直在中国首富榜上的万达董事长王健林和阿里巴巴董事局主席马云，都因为只有一个子女，面临更多的传承问题：不是传给谁，而是如何培养这个“接班人”的问题，这也是没有选择的选择。

第三章 传承什么、怎么传?

从世界各国的经验来看，家族传承有“软硬”两方面，缺一不可：所谓“硬”的方面，是指制度；而“软”的方面，则是指企业文化。

第一节 传承什么?

从人性角度来看，企业家在传承过程中最关心的是以下两个问题：第一，家族人身安全；第二，家族的财产安全。“两个安全”是相辅相成、不可分割的关联体：没有财产安全就没有人身安全，没有人身安全也谈不上财产安全。

我曾经在中国远洋海运集团工作 20 余年。对东亚航运巨头、台湾长荣集团有所了解。2016 年年初，白手起家、充满传奇色彩、打造出横跨全球航运集团的长荣集团总裁张荣发因病逝世。由于张荣发生前有两任妻子，与两任妻子也各生有子嗣，他们都在集团内的事业体系中握有股权，其过世之后庞大的遗产如何分配引人瞩目。

张荣发去世前在一个便签上手写了遗嘱，其中明确：他的全部存款、股票与不动产由二房长子张国玮继承，集团的总裁也由张国玮接任，并嘱咐集团四位老臣辅佐。张荣发去世后不久，在辈分上作为张荣发四子的张国玮不顾大房子女反对，宣布就任集团总裁。但没想到数天后，拥有实际控股权的大房子女开始反击，他们透过旗下控股公司解散长荣集团的总管理处，也等于解除了张国玮总裁职务，张国玮成为媒体眼中最短命的集团总裁。很快，大房的子女再度联手，以股权优势撤掉张国玮所担任的长荣航空公司董事长职务。长荣集团旗下事业涵盖海运与航空，除了具有全球规模的航运，长荣航空公司往来两岸，是仅次于华航的台湾第二大民营航空公司，曾多次被评为全球最安全的航空公司之一。

我们很难想象，一个市值达到 1300 亿新台币航运公司的命运会被这张便签纸左右。集团创始人过世后的遗嘱所引起的巨大纠纷，不免让一个经营如此成功的大型企业蒙上“宫廷”斗争戏的阴影。

长荣集团的接班纠纷，已经进入了子女之间的法律程序。从法律上来说，企业主的遗嘱效力无法凌驾法律之上，总裁或领导人的选任必须依照股权分配的原则与董监事改选的程序来决定。因此纵使张荣发四子被“钦定”为接班人，然而由于股权不足，最终还是败下阵来。传承古老的“遗诏”，终不敌股权的实力。

我们需要深思的是，企业巨人心中高瞻远瞩的生前遗愿，何以最后落得失败收场？一手建立庞大集团的张荣发本人，何以真的相信公司的接班真能仅照一纸小小遗嘱，而让后代子孙遵循照办？是否到临终前，他仍然天真地相信，后代子孙必将恪遵教诲，谨守传统伦理对后世子孙的规范？

近年来，台湾家族传承中不断出现纠纷的原因，就是在传承中“遗诏”与“股权”产生纠纷。出现这些问题的核心是老一辈企业家不知道在传承中的核心是处理好“所有权、经营权、控制权”这三个权利的传承，从而造成日后纷争。

“经营权、控制权、所有权”制度安排是传承中的重中之重。

第二节　所有权高于控制权、经营权

所有权，简单地说，是指在企业中拥有的股份，是指企业成长红利和企业财富创造盈余分享的基本法律依据。控制权是你通过所持股份以及与你利益一致的人所持股份，对企业的控制力。经营权是你对企业实际运营的权利，一般而言，经营权是在董事会授权下所具有的权利。

在制度安排中所有权高于控制权和经营权，家族企业争夺通常可见的是指以下两类：

第一类，家族内部的争夺，有股份的家族成员相互争夺对家族企业的控制权。比如韩国现代集团内部的家族争夺。第二类，家族内部和外部的争夺，有股份的非家族成员往往会联合家族内有小股份的家族成员，共同争夺对家族企业的控制权。比如国美的争夺战等。

无论是内部之间争夺还是内部和外部争夺，从家族企业发展来看，企业控制权的争夺几乎存在于所有企业中，而且非常激烈。

随着市场环境的日趋成熟、监管机制的逐步健全、职业经理人制度的渐渐完善，以及随着公司上市后成为公众公司后的透明化、规范化进程，家族企业的传承正在发生着根本的变化，从所有权到控制权的转变正在悄然发生。

我们今天面对接班的另一个现实问题是，越来越多的家族企业二代不愿意接班。其中原因是多方面的，我们会在第二部分对家族企业的传承有详细阐述。但在制度安排上，要综合考虑这个因素，从根本上解决家族企业“经营权、控制权、所有权”问题。欧美企业之所以能延续百年，都是在这个问题上做了很好的制度安排。典型的企业如沃尔玛公司。

沃尔玛公司的创始人山姆·沃尔顿的传承设计，是将经营权、控制权、所有权进行分离。家族主要成员（目前是其妻子和女儿）通过股份掌握了沃尔玛的所有权。由于是单一大股东，通过董事会实现了家族对企业的控制权，由董事会挑选和授权管理团队对企业进行经营。沃尔玛创始人山姆·沃尔顿去世后，今天的沃尔玛管理层已经没有沃尔顿家族的人了，但沃尔顿家族依然是大股东，他们通过董事会行使权利，既可以选择和罢免管理团队，同时也享受着企业创造的财富。

从家族财富传承的角度来看，核心就是家族企业的所有权，也就是说，“所有权”的传承意义大于“控制权、经营权”。在传承制度安排上把“所有权”作为重点；在观念上，要从传承家业向传承家产转变。

在中国，蒙牛集团的创始人牛根生实际上也是这样设计的。牛根生通过老牛基金等安排，不仅成为董事会永久成员，而且老牛基金这个董事席位，是可以选择和罢免董事长的。家族利益是通过企业股权的红利实现的。

第三节　文化传承

可以左右传承制度的是文化。文化通常在传承过程中被当成软指标，但实际上这个“软”因素十分重要。文化是真正能够标识一个家族长盛不衰的基因。

在研究家族传承的过程中，我数次专程去山西考察晋商。晋商作为中国十大商帮之首，一个“纵横欧亚九千里，称雄商界五百年”的传奇商帮，创造了东渡日韩，北达俄蒙，西越天山，南抵东南亚各国开展外贸活动的辉煌历史，留下一个又一个的商业传奇，在中国商业历史上书写了光辉的一页。晋商之所以能取得如此辉煌的成就，从客观上分析，固然有其地理环境因素和历史因素，然而山西商人发展的主观因素却更为重要。晋商独特的文化，支撑并推动了晋商数百年来的商业领袖地位，可谓晋商之魂。

晋商认为：“君子爱财，取之有道”“信义为本，禄利为末”“重信义，除虚伪，节情欲，敦品行，贵忠诚，鄙利己，奉博爱，薄嫉恨，喜辛苦，戒奢华”，经商虽然是以盈利为目的，但是要坚守道德信义的根本才可能成功。

从晋商的发家史看，大部分起于寒微。为凑足经商本钱，有的不惜举家筹资，有的甚至靠变家产来筹措。由于本小资薄，他们迫不得已从肩挑负贩艰难起步，为取微利，他们别妻舍子、餐风饮露、冒险跋涉。在务实理念的支配下，在崇商观念的支撑下，晋商不畏艰辛，走蒙疆，下南洋，渡东瀛，充分体现了他们不畏艰辛、坚韧不拔的精神风貌。山西商人到包头经商，杀虎口是必经之路。有民谣称：“杀虎口，杀虎口，没有钱财难过口，不是丢钱财，就是刀砍头，过了虎口还心抖。”但是旅蒙晋商并不因此退缩，而是人越去越多，势如潮涌。

清代纪晓岚说：“山西人多商于外，十余岁辄从人学贸易，俟蓄积有资，始归纳妇。”这就是说，事业不成，甚至连妻子也不娶。

山西是华夏文明的发祥地之一，也是先秦时期儒家思想传播较为广泛的地区之一，晋商对血缘关系更为认同和重视。他们用宗法社会的乡里之谊彼此团结在一起，用会馆的维系和精神上崇奉关圣的方式，增强相互间的了解，通过讲义气、讲帮靠，协调商号间的关系，消除人际间的不和，形成大大小小的商帮群体。晋商的先辈们为使自己所创的家业能够传续下去，总是严格地按照嫡庶之分，将其家业传于自己的嫡子嫡孙，并且从对内亲和外戚的区别上，先择其内亲辅佐经营，而后才是外戚，这样就形成了一个个在血缘关系上以嫡系为核心、以内亲为基干的经商世家或商贾望族。到了清末期，国内外商业竞争不断加剧。中俄恰克图贸易长期以来一直为晋商垄断，商号最多时达 120 余家，各商号组合成商会，维护共同利益，各店如同一家，一致对外，与同行竞争，使外商势力无法涉足其间。晋商正是凭借着群体的力量，避免了因势单力薄带来的困境，减小了在陌生环境下的经营风险，同时进行同行间的经济管理和协调，避免内部争斗，一致对外，从而创造了一个又一个的商业奇迹。

著名的思想家顾炎武曾说过：“保天下者，匹夫之贱，与有责焉”。晋商继承了民族自强的优良传统和爱国主义精神，最突出的是光绪二十四年（1898 年），英国的福公司与山西政府签订了《山西开矿制铁以及转运各色矿产资源章程》，对山西的矿产资源进行掠夺。面对这种丧权辱国的不平等条约，山西人民掀起了一场轰轰烈烈的爱国争矿运动。以祁县三晋源票号财东渠本翘为首，联合祁县、太谷、平遥各票号从英国人手中争矿、赎矿。经过十多年的斗争，晋商终于冲破层层压力取得了胜利，这场斗争称得上是中国近代史上的一次反帝爱国的壮举，被史学家称之为是“汇入近代史主流的旷世之功”。总而言之，晋商以“凌绝顶”的眼光和魄力，敢为人先，吃别人吃不了的苦，做别人不去做的生意，创别人没去想的行业，从而将商业影响力发挥到极致，创造出货通天下、汇通天下的时代影响力。

完善的公司治理结构是家族传承中重要的文化内容。这包括如何引进和激励职业经理人，如何设置董事会，调和经理人与股东利益，如何培育专业接班人，等等。另外，建立并保护家族及公司声誉也是家族传承的要点。家族企业的兴衰荣辱，取决于家族创始人能否看到无形的长期价值，做长程跨世代的规划。家族与企业的分与合，取决于家族能否有和谐的决策方法，持续为企业注入关键的无形资产，以及家族接班人与团队是否有跨越路障的能力。家族传承的具体工作，包括家族治理、股权设计及公司治理，环环相扣，因此必须了解彼此的相互影响，作整体的规划。

对于文化传承，我们会在后文详细介绍，在这里就不做进一步探讨了。总之，家族文化传承是个大工程。

第四章 家族信托

现代社会伴随着调节社会财富的税收政策、文化的逐步建立，高额的遗产税政策随之逐步形成。美国、日本以及中国台湾地区遗产税高达 50%～80%，而且规定：遗产继承人在继承遗产时，需要先缴纳全部应缴纳税额，才可以合法继承遗产。这给家族企业传承提出了新的挑战。

正是在这个背景下，家族信托出现，并成为世界主要家族在传承中的重要布局和战略。

在我们可以预见的未来，中国也会出台遗产税收制度。中国的家族企业应该未雨绸缪，早做安排。实际上，从我们接触到的一些著名家族企业看，他们都或多或少地做了家族信托制度探索。

第一节　揭秘家族信托

我们讲家族信托，首先需要清楚什么是信托。

一、什么是信托

信托是一种基于信任关系，委托人将信托财产转移给受托人，受托人依照委托人的意愿为受益人的利益或特定目的管理或处分信托财产。信托委托人可以是个人，也可以是法人组织。

根据现行的《中华人民共和国信托法》（以下简称《信托法》），信托是指委托人基于对受托人的信任，与受托人签订信托合同，将其财产所有权委托给受托人，由受托人按照委托人的意愿以自己的名义管理信托财产，并在指定情况下由受益人获得收益。

二、什么是家族信托

家族信托是通过转移财富所有权而进行财富保护、传承和管理的工具。在我国，信托分为民事信托、营业信托和公益信托，家族信托属于民事信托，与营业信托相区别。

三、家族信托的起源与发展

家族信托的雏形最早可追溯到古罗马帝国时期。在当时，罗马公民分为五类，其中一类被称为自由人，是奴隶被主人解放后形成的。罗马的法律规定，解放自由人口不能享受遗产继承权。为规避这一规定，这些自由人将自己的财产委托移交给信任的第三人，要求为妻子或子女利益而代行对遗产的管理和处分，从而在实际上实现遗产继承权。后来在英国，宗教徒习惯死后把自己的土地捐献给教会，使得教会的土地不断增多。根据英国当时的法律，教会的土地是免征役税的。教会的土地增多，意味着国家税收收入的逐渐减少。这无疑影响到了国王和贵族的利益。于是，13 世纪初英国国王亨利三世颁布了《没收条例》，条例规定：凡把土地赠与教会团体的情况，要得到国王的许可，凡擅自出让或赠与者，要没收其土地。针对这个新规定，宗教徒对他们的捐献行为进行了变通，他们在遗嘱中把土地赠与第三者，同时规定教会有土地的实际使用权和收益权，这就是“尤斯制”。尤斯制经历了一个长期的发展过程，成为现代信托制度的前身。

现代家族信托最早出现于美国。在传统英国信托业的基础上，美国信托业率先开展金融信托，并逐渐转向现代信托业务，在经营模式和产品上不断创新，19 世纪末 20 世纪初，美国一些富裕家庭创立了家族信托这样一种新的信托产品，以保全、管理家族财富。

第二节　为什么要设立家族信托?

宋代著名词作家辛弃疾有首词:

年少万兜鍪，坐断东南战未休。天下英雄谁敌手，曹刘。生子当如孙仲谋。

辛弃疾在这首词中盛赞“富二代”孙权。但事实是，即便青出于蓝而胜于蓝的“富二代”孙权，其所领导的东吴最终仍逃脱不了被吞并的命运。

在人类历史传承过程中，第一代领导者所具有的能力，第二代往往不具有。例如，香港华人企业家李嘉诚的接班人、长子李泽钜或许会运作房地产，但能否像李嘉诚那样广结善缘则有待观察。李嘉诚次子李泽楷以资本运作闻名，不过其经营实业的兴趣与能力仍有疑问。

规避二代弱项，使企业保持创造财富的能力，从而为家族成员提供可靠的生活保障，家族信托是家族企业传承中很好的工具。

当然，信托也不是完美无缺的传承工具。从对中国香港、中国台湾以及东南亚地区的华人家族信托控股企业研究发现，由于家族成员不是股东而只是受益人，他们的行为更像国有企业的员工，对企业的希望是尽早套现而不是长期投资。更严重的是当家族受益人发生冲突时，由于被信托绑定，矛盾往往长时间得不到彻底解决。霍英东家族的遗产分配被称为“家族共产主义”，他要求子女不得分产，只能按月领“工资”，和家族信托类似。

尽管如此，为了使家族共同利益最大化，家族信托依然是家族传承中比较理想的选择。

我认识企业家张长多年。他有令人艳羡的财富和儿孙满堂的大家族。由于张长年逾70，且身体每况愈下，他开始考虑财富如何传承的问题。而最难的是，如何分配财产。他经历过三次婚姻，长子心思只在玩上，但希望得到全部财产；老二是女儿，很有才能，一直在公司工作，也希望得到他全部财产。张长心中最惦念的却是未成年的小儿子。问题是，三个孩子都是同父异母。经过很长时间的交流与思考，在我的建议下，他最终决定选择家族信托方式解决财富传承的问题。

实际上，作为中国内地新生事物的家族信托，在海外却有悠久的历史，几乎每个名门望族背后都有一个设计复杂的家族信托，远至美国的石油大亨洛克菲特家族和钢铁大王卡内基家族，近至中国香港的李嘉诚家族，皆通过家族信托来实现家族财富的传承。

中国近 40 年经济高速发展，在创造和积累财富的同时，也诞生了一些新名词，比如“富二代”。说到“富二代”，无论是褒是贬，几乎所有人都知道其特定含义。其实，在欧美这些资本主义国家，也有个与中国“富二代”意思相近的词，叫“信托一代”。所不同的是，中国的“富二代”所描述的是状况，而欧美的“信托一代”则更侧重于从制度层面的描述。

中国有句古话“富不过三代”，但洛克菲勒家族已繁盛了六代，依然续写着财富神话，而财富能一代又一代地传承与洛克菲勒家族的顶层设计结构有关。资料显示，洛克菲勒家族成立的专属信托公司管理着洛克菲勒家族的财富规划和大部分股权。

“富二代”“富三代”们如何实现家族财富的传承、保值增值，家族信托是欧美等国家的一种成熟做法。

一、遗嘱与信托

中国人普遍熟悉遗嘱，而对信托则稍显陌生。很多企业家会问：有遗嘱解决传承问题不更简单吗？

为了更好地回答这个问题，我们先看个曾轰动大中华区、被誉为“世纪大案”的龚如心事件。

2007 年 4 月，拥有 42 亿美元、亚洲女性首富的香港富商龚如心去世。龚如心是一位很有传奇色彩的女人，其所有财产由她与过世的丈夫王德辉共同创造。王德辉一生被绑架两次，最终不幸被绑匪撕票，于 1999 年被法庭宣布死亡。而遗嘱争端也从此伴随了龚如心一生。1999 年，王德辉的父亲王廷歆拿出一份王德辉在 1960 年立下的遗嘱，其中规定遗产由王廷歆和龚如心平分。随后，王廷歆又在 2002 年拿出一份王德辉于 1968 年立下的遗嘱，声称龚如心有外遇，所以全部遗产留给王廷歆。龚如心之后又提供了一份遗嘱，日期是王德辉 1990 年被绑架前的一个月，声明所有遗产留给龚如心。

2002 年 11 月 21 日，在法院宣布王德辉死后的第三年，最高法院判定龚如心提供的 1990 年遗嘱为伪造，并判定其向王廷歆支付一亿两千万港币。龚如心就此继续上诉，但在 2004 年 6 月 28 日输掉诉讼，并递交了香港史上最大的一笔保释金 5500 万港币。

随后龚如心向香港最高法院的终审法庭上诉，2005 年 9 月 16 日，法院驳回之前的高等法院判决，判定龚如心提供的1990年的遗嘱是真实的，将集团的全部资产及控制权判给了龚如心。而此时，距离法院判定王德辉死亡已经过去了6年多。

然而故事还没有结束，龚如心于2007年过世后，当法院即将完成遗嘱检验程序并将集团控制权交给龚如心创立的一家慈善机构时，一位风水大师陈振聪向香港高等法院申请冻结集团慈善基金会所拥有的全部42亿美元资产，宣称龚如心在2006年定下一份遗嘱，其中规定他为全部资产的唯一继承人。而龚如心的家人出具了一份书面声明，说明龚如心在2002年的遗嘱是最终的且有效的遗嘱，这份遗嘱说明龚如心的大部分资产应该按照她的愿望用于慈善。

这场全世界最大的遗嘱验证官司又打了三年的时间，上诉法院在2010年2月判定风水大师陈振聪遗嘱为伪造。此后，陈振聪不满判决结果继续向终审法庭上诉，2013年7月4日，香港最高法院裁定陈振聪伪造罪名成立，判处其12年有期徒刑。

这个扣人心弦围绕遗嘱的诉讼案件在香港法律是史无前例的。除了那些赚取了数亿港币的大律师们外，涉及其中的人无一不是输家。

然而遗嘱究竟是哪里出了问题？在家族传承财富的过程中，如何能够避免像龚如心的悲惨遭遇呢？

让我们先看看遗嘱或遗书的定义。遗嘱或遗书是指一个人（成为立遗嘱人）的法律声明，其中确定其财产在自己过世后会按照特定比例分配。立遗嘱人必须声明这是他的最后一份遗嘱并且确定自己是立遗嘱人。同时，他必须确定他已经撤消了之前所做的所有遗嘱和遗嘱附录。

当立遗嘱人过世时，问题就来了。任何人都可以宣称自己有过世之人的最后一份遗嘱，并且宣称所有的遗产都属于自己。所涉及财产越多，遗嘱验证程序就拖得越久。这可能要耗费许多年时间和高额的律师费，还有可能把官司打到最高法院才能得到最终判决，受益人才能得到剩下的遗产。这也是为什么龚如心一案迟迟无法解决的原因。

与遗嘱需要漫长且昂贵的验证过程不同，信托中的财产是合法存放在受托人中的。这种财产可以避免遗嘱验证和庭审过程，财产的分配可以立即稳定地进行。另外，如果受益人还是未成年人，他们可以在意愿书中规定，受益人在指定的年龄之前收到一定金额的资金，这样可以避免未成年受益人突然需要处理数百万甚至上亿的资产，还可以避免招来用心不良的亲戚。想让财富传承免受意外风险，对于高净值人群来说，家族信托是更好的选择。

二、家族信托的主要作用

家族信托的作用一般来说有以下四个方面：

第一，投资理财，侧重于财富的保值增值。

第二，财产传承，满足高净值客户财富的风险隔离和传承需求。

第三，公益信托服务，帮助客户更好地实现回馈社会等公益性目标。

第四，财富保护，向客户提供诸如核心资产配置、税收筹划、财产隔离和财产规划等咨询服务。

从国外多年的发展经验来看，家族信托是对家族财富进行长期规划和风险隔离的重要金融工具。其核心目的是解决财产的跨代传承，尤其是为拥有家族企业的富裕人士实现有效、平稳的家族股权转移和管理。

在家族信托下，资产的所有权与收益权实现了有效分离，因为资产委托给信托公司打理，该资产的所有权就不再归委托人本人，但相应的收益会根据受托人的意愿分配。这样，委托人如果遇到离婚分家产、意外死亡、被追债等问题，信托资金就具有独立性，不受影响。因此，很多富人会借用家族信托解决潜在的财产损失风险问题，包括税收问题。

在欧美发达地区，以个人名义设立的信托占据信托市场的 70%左右。

三、家族信托的优势

简单来说，家族信托就是设计一个三方人士的法律关系。其中财产授予人将其名下的合法资产转给另一个人或团体，也就是受托人。受托人在特定的条款、条件和规定下以专业和诚信为基础为被指定的个人或团体，也就是受益人管理该资产。

家族信托由信托书和意愿书共同规范安排。信托书具有法律约束力，规定每位受益人在信托里的资产都拥有公平的利益。意愿书更详细地规定每位受益人应得的款项和分配方式等。财产授予人在有生之年可以随时修改意愿书，体现了家族信托的灵活性。

家族信托优势体现在以下方面：

1. 分配灵活，避免争产

一旦家族信托正式成立，资产的法定拥有者就变更为受托人，从而也在一定程度上规避了授予人逝世后的家族纷争。在受托人的选择上，一般建议大家选择一家信誉较好的实体公司或银行作为受托人，因为他们拥有相对专业的资产管理经验。受托人的主要任务就是根据信托书和意愿书，以受益人的最大利益管理信托。

香港中文大学经济金融研究所所长范博宏长期关注家族企业治理，并调研过大量香港上市公司，他说："在过去的二三十年里，大约有 150 家企业使用信托的方式持有上市公司股份。保守估计，全香港超过半数家族企业使用了信托来持有资产。"

2. 隔离债务、规避风险

信托财产既独立于委托人个人财产，也独立于受托人个人财产和受益人个人财产。相对于传统的法定继承和遗嘱继承，家族信托能够实现破产风险隔离机制等合理规避风险功能。

家族信托能够保障家族成员持续稳定地获得保障。即使家族后代不具备经营企业的能力和管理财富的能力，信托也能确保后代生活无忧，并防止后代对家族财富的挥霍滥用。另外，企业家如果离婚或死亡，如果只是根据法律瓜分其原有股权，可能导致家族企业发生动荡、陷入混乱，而信托的设立则能够有效解决这个问题。

除此之外，家族信托还有规避政治风险，进行移民安排、合法避税、慈善回馈等优势。家族信托可持有的资产包括房地产、股票组合、家族企业、专栏和版权等。因为直接面对全球市场，所以在信托管理上也没有地域限制，投资组合方式更是多元化。

3. 合理避税、节税

美国、法国等国家的遗产税和赠与税的税率都很高，通过家族信托安排，通过对信托地的选择，信托财产置入方式和路径的选择等方式，存在一定的税务筹划空间。

4. 高度保密

家族信托是一种极富魅力的财产保护、管理和传承工具，同时具有极强的保秘性。在信托合同中，除委托人和受托人外，没有第三人能够知晓信托财产的多少，受益人的具体安排等信息,受益人之间都不知道彼此的受益程度。

家族信托在受益人设置上具有很大的灵活性。比如在信托利益分配上，有一次性分配、定期定量分配、临时分配、附带条件分配等不同的形式。有的家族信托可以选择在子女读大学时分配一部分资金，有的家族信托规定子女继承财产领取信托收益必须满足结婚等附加条件。

信托之所以能够起到信息保密的功能，在于它不需要经过行政机关的审批注册，只需要当事人根据信托文件达成协议即可。

而根据《信托法》规定，受托人必须履行保密义务，但是有一个前提条件就是依法，《信托公司管理办法》第二十七条明确规定，信托公司对委托人、受益人以及所处理信托事务的情况和资料负有依法保密的义务，但法律法规另有规定或者信托文件另有约定的除外。

法律规定需要履行的披露义务中比较典型的就是上市公司实际控制人情况，证监会在《公开发行证券的公司信息披露内容与格式准则》规定，如公司实际控制人通过信托或其他资产管理方式控制公司，应披露信托合同或者其他资产管理安排的主要内容。

“依法保密”并不是国内特有情况，这种情形在任何一个国家都普遍存在。值得一提的是，另一个国内特有的但可能影响家族信托保密功能的因素，即信托公司必须就信托业务向银监会履行报告义务。

第三节　中国家族信托

家族信托在中国刚刚起步。一些银行的私人银行部门和信托公司的家族事业部已尝试开始拓展这类业务。

从实践上看，通过专业信托公司已经成功设立了大量家族信托，帮助客户成功解决了财富保护和传承问题。

目前在国内的家族信托管理范围主要以境内资产为主。境内实际控制人对境外权益设立的离岸家族信托安排也将会逐步出现和成长。境外司法管辖区的信托立法相对完善，随着市场的成熟与开放，企业的国际化越来越普遍，境内家庭的境外权益规模也越来越大。通过家族信托，这些企业实际控制人可以更好地实现跨境资产管理，解决代际传承问题、公司治理问题、资产配置问题、遗产税问题等。目前一些企业的实际控制人常常会设置这样的信托安排。

此外，国内家族信托的发展还面临诸多瓶颈。家族信托设立与执行过程中涉及的法律原理、法律适用性及法律冲突均非常复杂，需要在充分了解相关法律的前提下进行定制安排。在国外家族信托的一个重要原因是避税功能，但在国内，目前不征收遗产税。中国的信托管理制度也不健全，家族信托在国内还需要一系列的配套法规和政策加以监管。此外，家族信托的专业管理人才短缺仍然是行业发展的重大瓶颈。

为了更好地解决家族企业的传承问题，离岸信托设立地（离岸司法管辖区）给出了多个创新性的解决方案。归纳起来，目前有四类信托类型可以协助家族企业传承。

一、英属维尔京群岛 VISTA 信托

这种信托的托管人可以为家族利益管理家族企业，却无权参与到企业运营中。它允许建立一个家族委员会来管理公司事务，让信托基金在家族利益分配等问题上促进达成一致的家庭决策，也可以制定规则来规范企业董事的继承及公司业务的管理。

二、开曼群岛 STAR 信托

这种信托可以为家族利益而管理家族企业，且使所获利益为家族所有。公司现有董事仍可继续运营公司免受干涉。

三、保留权利信托

很多离岸司法管辖区，包括英属维尔京群岛、开曼群岛、泽西岛、根西岛，都明确允许保留权利信托，委托人可以保留和使用他想要的某一种权利，如投资权。这也让公司创始人即便已经将公司转移给信托公司，但仍可以不

受托管人的干涉而继续运营公司。委托人也可以在去世后把公司运营权利传给他人。

四、私人信托

若委托人不希望使用专业信托公司作为托管人，他还可以选择英属维尔京群岛、开曼群岛、泽西岛和根西岛等司法管辖区内的私人信托公司作为托管人。私人信托公司由家族建立，其董事会可以包括家庭成员和一些挑选出来的顾问。因此它有利于家庭及其顾问的直接决策。

以上信托具有的灵活性和允许家族参与的特质，使离岸家族信托成为家族企业传承的有效工具。若能合理利用以上架构，便能如默多克那般无论是离婚还是传承都游刃有余。

第四节　家族信托实务

一、默多克家族信托

默多克被中国人熟知，源于其曾娶了中国姑娘邓文迪。邓文迪是一个出生在中国内地的普通女孩，在 30 岁时成为全球超级富豪太太，14 年婚姻里，她为默多克生了两个女儿，可谓传奇。在 2011 年的“窃听丑闻”听证会上，她还用巴掌反击了企图袭击丈夫默多克的攻击者。此举一度让默多克公司股价上涨 5%。但即便她如此强悍，14 年的婚姻、两个女儿，也无法挑战默多克早已设定好的家族信托财产保全功能。2013 年末，默多克与邓文迪离婚。这场婚姻的结束，邓文迪仅获两套房产和让两个女儿成为一项市值 870 万美金基金的受益人。而结束第三次婚姻的默多克仍然笑拥超过 139 亿美元家财，这其中的奥秘，皆源于家族信托。

根据英国金融时报报道，2007 年 2 月，默多克家族信托将持有的2600万股新闻集团的A股股票平均分给了默多克的 6 个孩子（包括邓文迪为其所生的两个女儿），这些股票当时的市值约 6 亿美元。但是由于 A 股股票没有投票权，且被放入了信托，这些财产分到子女手中只能享受收益，而不能介入公司运营。

新闻集团的决策权由 A、B 类股权双重投票机制构成，其中 A 类没有投票权，只有 B 类拥有投票权。默多克家族持有新闻集团近 40%的 B 类股票，其中超过 38. 4%的 B 类股票由默多克家族信托基金持有。

同时，在美国证券交易委员会备案的 GCM 信托公司(默多克家族信托基金运营方)的文件显示,新闻集团B类股票的投票权跟邓文迪和她的两个女儿没有关系——默多克与前两任妻子的4个子女是这个信托的监管人，四个子女不但拥有对新闻集团的投票权，还可以在默多克去世后，指定信托的受托人。如此一来，新闻集团的控制权，实际上是掌握在默多克和前四个子女手中。

这样设计的家族信托最大优势是：信托公司成为家族股份的法定持有人，而家庭成员拥有受益权和监督权，但没有所有权。家庭成员的任何变故或者分立都不会带来家族企业股权的转让或者分割，也不会直接影响企业的运营管理。

在与邓文迪的离婚案中，家族信托帮助默多克达到了两个重要目的：首先，作为父亲，他通过信托把财产分到两个最年幼的女儿手中，给她们受益权，尽到了抚养子女的义务。他的两个女儿虽然可定期领取分红，但无权处置信托财产，从而保护了企业和家族财产。同时，信托为邓文迪插手新闻集团业务设置了防火墙。由于信托财产不属于默多克个人所拥有，也非夫妻共同财产，即使和邓文迪离婚也不会直接导致股权之争，影响新闻集团的运作。

因此即便邓文迪一向精明过人，面对默多克的家族信托也无可奈何，离婚时分得两套房便再无话可说。要知道，默多克也是吃一堑长一智。在与第二任妻子安娜·托尔福离婚时，由于当时未曾设立家族信托，默多克分给了第二任妻子 17 亿美元。

根据英国《卫报》报道，2016 年 6 月 17 日，84 岁的传媒大亨默多克做出一个重大决定——在 7 月 1 日卸任二十世纪福克斯电影公司 CEO 一职，由次子詹姆斯·默多克出任 CEO。不仅是默多克，国内万达集团的王建林家族、娃哈哈集团的宗庆后家族等也面临着企业传承的问题。

创始人把家族企业传递给下一代是一个关键问题，尤其是在目前创一代们面临退休之际，而中国经济又进入“新常态”。中国素有“富不过三代”的俗语，如何避免这样的命运？家族信托是一个很好的解决问题的工具。

从信托的角度来讲，家族企业在传承时首先要考虑的问题是：传承是绝对的还是受限的？如果创始人将他的股权平均分配给下一代或按下一代在公司的参与程度来分配，就属于绝对继承；如果创始人建立企业继承信托，那么就属于受限继承。

绝对继承面临的困境有两方面：一方面，当创始人不只有一个孩子时，将企业交由一个孩子继承可能会被认为不公平，而交给几个孩子共同继承又会导致所有权分散，最终毁掉整个企业；另一方面是下一代可能打算将企业出售而非继承，而这并非是创始人想要看到的。

企业继承信托则可以避免绝对继承的弊端。创始人通过建立信托，将家族企业的股份放入信托中，同时把股权的所有权转移给受托人（信托公司），而他的家族成员仅享有股份的受益权。但是如果仅仅是这样，在家族企业问题上，上述信托有它的局限性。若信托基金内含有家族企业的股权，托管人（信托公司，股权的法定所有人）通常会需要参与一定的公司运作。这与创始人想要的不同——他们希望在有生之年亲自或由指定的家族成员或职业经理人来管理自己的企业，也希望在他去世后，由他的家族或指定继承人对企业进行管理，避免托管人的干涉。

二、龙光地产通过家族信托实现财富传承

龙光地产董事长纪海鹏通过多家公司和家族信托，将其持有的龙光地产股份转给他的女儿纪凯婷。龙光地产控股于 2010 年 5 月 14 日在英属开曼群岛注册成立。成立当天，由 Codan Trust Company(Cayman) Limited 认购 1 股并转让给纪凯婷，2012 年 11 月 2 日，龙光地产控股再发

行999股，其中向纪凯婷配发939股，向龙禧、高润及兴汇三家投资公司各配发20股。而龙禧、高润及兴汇三家公司均在英属维京群岛注册成立，并由纪凯婷全资拥有，也就是说，彼时纪凯婷拥有龙光地产控股的全部已发行的股本。2013年4月16日，由纪凯婷在英属维京群岛注册成立英属维京群岛控股公司Junxi Investments Limited（以下简称Junxi），而纪凯婷持有该控股公司100%的股权。

2013年5月15日，纪凯婷通过在根西岛注册成立的信托公司Kei Family United Limited成立了一项家族信托。2013年5月15日，该信托公司收购英属维京群岛控股公司的全部权益。信托公司是一家由Brock Nominees Limited及Tenby Nominees Limited各自拥有50%股权的公司，而其代表于根西岛注册成立的公司Credit Suisee Trust Limited（为家族信托的受托人）持有信托公司的股份。家族信托的受益人包括纪凯婷及其家庭成员（不包括纪海鹏）。也就是说，纪凯婷为家族信托的托管人及受益人，该信托的设立是为了持有纪凯婷及其家庭成员（不包括纪海鹏）于上市公司的权益。家族信托拥有信托公司的全部权益，而信托公司则持有英属维京群岛控股公司的全部权益。

2013 年 10 月 31 日，纪凯婷分别以零代价向龙禧、高润及兴汇分别转让 80 股、30 股及 30 股；其后，Junxi 以零代价收购剩余股本。收购完成后，Junxi、龙禧、高润及兴汇分别持有龙光地产控股已发行股本的 80%、10%、5%、5%。至此，纪凯婷通过上述公司间接持有已发行的全部股本。

这是一个典型的设立两层离岸公司的构架，信托公司是第一层离岸公司的控股方，子女是第二层离岸公司的股东。在财产全部转入信托以后，从法律上讲，这部分财产的法定所有权被转移到了受托人的名下，同时子女又是信托的受益人。信托公司作为第一层离岸公司的控股方，既符合信托公司作为受托人持有并保管相应资产的法律规定，又避免了参与公司日常经营决策。纪凯婷通过多家公司和家族信托持有了龙光地产 85%的股份，是龙光地产的最大股东，同时声明全权委托父亲纪海鹏管理这部分股权，也就是说，纪海鹏将资产转移给纪凯婷实现了财富传承的同时，仍然可对龙光地产进行有效控制。目前将上市公司资产转入离岸信托公司，再由公司实际控制人控制离岸信托公司的方法还是比较普遍的。这样做的好处是可以合理避税、有效分配传承财产、隔离风险等。

三、龙湖地产通过家族信托定制防止公司裂变

2012 年龙湖地产吴亚军、蔡奎夫妇的婚变，并未引发对龙湖地产的股权争夺，得益于双方在上市前就已将各自的股权交予吴氏家族信托和蔡氏家族信托分别管理。家族信托的财产安全隔离功能为家族企业竖起了一道防火墙。吴亚军夫妇正是通过一个详细而周密的家族信托计划，将双方的股权巧妙分开，使两人的个人财富得以隔离，成功避免了此次婚变对上市公司的巨大震动。

龙湖地产的吴氏家族信托与蔡氏家族信托中还涉及一个以股权激励为目的的信托，据其招股说明书信息显示，龙湖地产半数以上骨干员工通过信托形式持有龙湖地产 2.35%的股权。这部分股票的市值在龙湖地产上市时已经达到 8 亿多港元。龙湖地产通过家族信托一并解决了公司董事及骨干员工的股权激励问题。

而没有做信托设计的公司则遭到很大挑战。比如，真功夫因为创始人蔡达标与前妻潘海峰离婚，争夺股权，进而演变为两个家族“战争”，导致真功夫上市计划直接搁浅。土豆网创始人王微与前妻杨蕾离婚，杨蕾起诉要求分割部分股权，导致土豆在与优酷的直接竞赛中败下阵来，最终被优酷收购。

第五章 家族保险

保险是一种重要的财务规划和财富保护工具。保险在家族财富管理中，具有对冲风险的作用。

风险是所有人都无法逃避的话题，尤其对富裕人群来说，更是如此。富人通常都是敢于冒险的，他们之所以能够获得更大的收益与成功，是因为他们与普通人相比，具有更大的风险承受能力，同时也面临着更大的风险隐患。对于富裕家族来说，预防风险是需要系统设计、规划和解决的问题。对家族来说，保险能够对家族所面临的各种风险提供经济保障和补偿，提高家族风险承受能力。

第一节　家族风险的分类

家族风险主要包括以下三类。

（1）家族自身的风险：包括家族治理风险，家族领导人变故，家族核心人员的婚变，家族内部矛盾和纠纷，家族的代际传承风险等。

（2）家族财富的风险：包括家族资产的通胀风险、投资风险，家族企业的经营管理和投资风险。

（3）家族所处的环境存在的系统风险：包括政策风险，环境风险，经济风险，战争风险等。

第二节　保险如何规避家族风险？

家族面临的风险是多种多样的，第一类风险的规避主要依靠保险和家族文化，保险工具包括家族成员的人身保险，如人寿保险、医疗保险、意外险等。第二类风险的规避主要依靠专业的财富管理，当然，财产保险也是重要的方式之一。第三类风险的规避主要依靠家族成员身份的规划和资产的全球配置实现，超级富豪偏好进行投资移民，获取海外居住权。和高净值人群相比，超级富豪申请移民项目的数量是其五倍之多。

家族保险是家族风控系统的重要工具和手段，能够将意外突发事件对家族的影响和冲击造成的损失降低。保险也具有隔离风险的作用，能够将部分家族资产隔离于风险之外。比如，如果家族企业陷入债务纠纷，个人资产存在清偿债务的风险，《中华人民共和国保险法》规定，人寿保险不纳入破产债权，受益人获得的保险赔偿金也不会被用于清偿债务，这就意味着大额人寿保险能够避开相应的法律风险，不属于被封查罚没的财产。

此外，保险还能成为家族税务筹划的补充方式。在美国，人寿保险卖得好的一个原因是财产继承人可以用免税的保险金来支付遗产税。中国目前虽然还没有遗产税，但新税种的酝酿早已提及多时，及早筹划是必然的选择。

第三节 富裕家族对保险的需求有哪些不同?

一、大额保险

对于富裕家族来说，大额保险正频繁出现，并形成趋势。中国民生银行与胡润百富联合发布了《中国超高净值人群需求调研报告（2014—2015）》，对中国超高净值人群进行权威调研。报告指出，中国超高净值人群约 17000

人，其中三成持有大额保单产品，主要为了财富传承，其次是分散风险和保值增值。

香港大额保单成为中国高净值人群率先追捧的对象。近年来，内地保单在香港保费中所占比重越来越高。2010年内地访客到香港新买的保险费总额仅为 44 亿港元，而2015年内地访客在香港投保的新造保单保费累计316亿港元，占香港保险业个人业务总新造保单保费的 24.2%。对富裕人群来说，保单金额通常会高达1000万美元，还有一些人购买价值高达一亿美元的人寿保险。按照世界上其他国家标准，这些保单金额极高，甚至高到一家保险公司可能都不愿意承担，要分到几家分散风险。

保费高昂，回报也不高，但是对富裕人群来说，作为一种保守投资，能够有效对冲和平衡富裕家族的风险，同时又具有投保人过世后给家人提供保障的基本作用。

二、伞覆式责任保险

伞覆式责任保险是一种覆盖范围很广的超额责任险，通常会和基础保险一起签订，可以在目前的基础责任保险之外，提供额外的补偿。这是一种国外新兴的保险，它是为其他保险没有覆盖到的范围所投的保险，将保险覆盖到每一个角落，有一个赔偿上限。伞式责任保险开始成为富裕家族青睐的保险方式。

举例来说，假如外出发生事故，汽车保险只有 50 万元的责任保险，对方索赔 100 万元，事主就需要额外筹集 50 万元来赔偿。但如果有价值 100 万元的伞覆式责任保险，就能够轻松覆盖赔偿。伞覆式责任保险在某些情况下还能赔付其他保险不赔的损失，如伤者的康复治疗、工资损失等。

越来越多的富裕人群会购买伞覆式责任保险，甚至会购买相当大的额度，因为这个保险能够最大限度保护家族财产。

三、艺术品保险

咨询公司德勤联合艺术市场研究机构 ArtTactic 发布了《2016 年德勤与 ArtTactic 艺术与金融行业报告》。今年该报告调查了共 53 家私人银行(其中 38 家来自欧洲)，14 个家族理财办公室(其中 8 个在美国)，以及欧洲、美国、中东、拉丁美洲和亚洲的 126 位艺术专业人士，和 94 位重要艺术品收藏家。该报告显示，艺术与收藏是富商巨贾们整体投资组合中的重要组成部分。

根据一份花旗银行最新的研究报告，中国人已经占有了全球艺术品市场四分之一的销售额，在各个国家当中仅仅落后于美国。从 2000 年到 2014 年，全球艺术品市场三分之一的增量都是来自中国，增幅高达 150%，超过了美国的 146%。

因此，艺术品保险对于富裕家族来说开始变得重要起来。收藏艺术品存在很多潜在风险，如艺术品在运输和收藏过程中可能丢失、被盗、损坏等，通过投保，不但可以在发生损失时获得经济补偿，更重要的是通过投保可以获得保险公司的风险管理服务。

保险公司是防止伪品进入市场的第二道门槛。在苏黎世，有一批非常专业的核保以及防损工程师，他们接受过系统、专业的培训，对于高风险的业务或特殊投保标的，如艺术品进行鉴别，降低艺术品潜在风险，对艺术品的安保系统、气温控制、运输、借出艺术品、估价等都有丰富的专业知识。据《收藏投资导刊》介绍，一般接到保险申请，保险公司会派出自己机构的雇员或聘请独立的艺术行业顾问进行评估。艺术保险业务的流程是，接保后先初步审查作品的清晰数码样或正片彩照，然后查阅申请表以及艺术作品的身份证和专业交易机构出具的原作保证书，历史交易记录等。稍有疑问，就会电话或亲自去客户那里实地考察。

德国有句谚语：无风险则无保险。保险本就是为对冲风险而生，古已有之。公元前2500年前后，古巴比伦王国国王命令僧侣、法官、村长等收取税款，作为救济火灾的资金。这是古人对付灾害事故的保险思想和原始保险方法。到了中世纪，意大利出现了冒险借贷，冒险借贷的利息类似于今天的保险费，但因其高额利息被教会禁止而衰落。1384年，比萨出现了世界上第一张保险单，现代保险制度从此诞生。保险从萌芽时期的互助形式逐渐发展成为冒险借贷，再发展到海上保险合约、火灾保险、人寿保险和其他保险，并逐渐发展成为现代保险。

正因为如此，保险作为家族财富管理中的一个选择，越来越被人们关注。

第六章

家族财富管理办公室：皇冠上的明珠

在传承解决了家族财富和家族企业分离的问题之后，家族财富变成一个独立部分时，财富管理就成为家族面对的新问题。这也是近年来家族管理办公室、财富管理办公室等异军突起、迅猛发展的原因之一。

财富管理的核心在于资产配置。对于家族而言，家族资产不仅仅是在行业配置上应该具有互补性，在区域配置上也应该有对冲和互补作用。

家族资产管理系统至少要包括以下四个方面的子体系：一是基于全市场和全球的投资体系；二是风险控制体系；三是税务系统筹划体系；四是法务系统筹划体系。

所有能够给家族带来财务贡献的资产类别都应该在其中做系统的筹划和安排。标准普尔作为全球最有影响力的三大信用评级机构之一，以十万个家庭为单位，调查总结出一个家庭资产配置比例图。根据标准普尔的推荐，家庭资产要分成四个部分：第一个部分是日常开销，一般占家庭资产的 10%；第二个部分是预备突发性大额开支，比如重大事故、重大疾病等，所以这个账户主要是投入保险或者备用金，占比 20%；第三个部分是投资收益账户，就是用有风险的投资创造回报的，包括股票、基金、房产、股权等，这部分资产占到 30%；第四个部分是长期收益账户，比如养老金、子女教育金、留给子女的钱等，这部分一般会占到家庭资产的 40%。当然这只是一个平均数，最终反映的是中产家庭的资产配比，但同样对财富家族有一定的参考作用。

由于这些需求，在财富管理行业中被称为“皇冠上的明珠”的家族办公室逐渐成为中国财富家族关注的热点。在财富创造过程中，财富投资和财富管理截然不同的是：投资需要每笔交易的利益最大化；而财富管理则追求整体利益最优化。

第一节　像比尔·盖茨一样管理资产

比尔·盖茨是微软的创始人，1995 年第一次成为年度世界首富；此后，15 次成为年度世界首富，创造了近百年来的奇迹。

哈佛商学院教授约翰·戴维斯曾对 1982—2011 年福布斯富豪榜上的美国富有家族进行研究发现，30 年间上榜的 320 个富有家族中，大约只有 30%能够持续留在 2011 年的富豪榜上。国内其实也如此，我们知道，任何行业都有高峰和低谷，而资本市场对于每个行业的估值也会风水轮流转。就中国而言，零售业估值高时黄光裕成为首富，房地产估值高时王健林成为首富，而食品饮料业估值高时宗庆后成为首富。因此，要想长久地保持首富位置是非常困难的。

毫无疑问，如果比尔·盖茨仅仅是微软的大股东，他是不能如此长久地保持世界首富的地位的。

1986 年微软上市。比尔·盖茨持有 1114 万股，占总股本的 44.8%。按照每股 28 美元的价格计算，盖茨持有市值 3.1 亿美元的微软股票，占其总财富的 99%。到了 2016 年，比尔·盖茨个人财富达 900 亿美元。

经过 30 年，比尔·盖茨身家翻了近 290 倍。在这巨大财富中，其持有的微软股票只占其总资产的 1/8（2016 年，盖茨持有微软 1.9 亿股，即总股本的 2.39%）。

今天，比尔·盖茨不仅是四季酒店持股45%的控股股东之一，还手握加拿大国家铁路、卡特彼勒、沃尔玛、联邦快递等公司的大量股票，并在美国的加利福尼亚州、伊利诺伊州等地拥有超过10万英亩农田；同时，比尔·盖茨还是Facebook、特斯拉、阿里巴巴、滴滴、蚂蚁金服等公司的股东。正是这些投资，使其反行业周期，20年后依然保持着世界首富的桂冠。

对我们中国企业家来讲，大家普遍要问的一个问题是：这些财富是怎么实现的呢？答案很简单，那就是通过家族财富管理办公室。

微软上市之初，比尔·盖茨便开始按照每年2000～8000股的速度减持自己的股票。到2000年，微软市值最高时，他宣布开始大规模减持股票，用以做公益，并同时成立了比尔与梅林达·盖茨基金。

在微软上市之初，比尔·盖茨就成立了自己的家族办公室——瀑布投资（Cascade Investment），专门管理其减持的现金财富。

比尔·盖茨个人财富的70%投资于美国短期国债和公司债券，并在新兴国家债市拥有部分头寸。在剩余的30%里面，50%作为PE基金，33%由与微软无相关性，甚至于科技股反周期的股票组成（能源、食品等），最后 17%由实物资产组成（石油、房地产等）。

大部分中国民营企业家的情况其实跟比尔·盖茨十分相似。在成功创业数十载后，第一代创始人都不可避免地逐渐从管理岗位上退到幕后。这个时候，像比尔·盖茨一样，逐步将实体企业转换成金融资本，通过家族办公室来实现其改变世界的使命，是个很好的选择。

财富管理将是中国企业家们最后一份职业，而且是终生职业。

第二节　何为家族财富管理办公室?

家族财富管理办公室的概念，最早起源于古罗马时期的大“Domus”(家族主管)，以及中世纪时期的大“Domo”(总管家)。家族财富管理办公室于 19 世纪在欧美兴起并迅速发展。1882 年，洛克菲勒建立了世界上第一个家族办公室，代号“5600 房间”，被誉为整个家族运行的中枢。一百多年以来，它为洛克菲勒家族提供了包括投资、法律、会计、家族事务以及慈善等几乎所有服务，并根据不同家族成员的需求提供不同的投资顾问服务。

伴随着财富的积累，财富的管理成为必须。在这个背景下，欧洲有了第一批家族财富管理办公室。目前，家族办公室在美国约有 4000 家，在欧洲约有 1500 家，亚太地区作为新兴市场仍处于蓬勃发展阶段。

第三节　家族办公室的设立及类型

一、家族办公室的设立

家族办公室一般由家族发起，在实际运作中不断调整、发展和完善。家族办公室在架构上，一般设置首席执行官、首席投资官、首席运营/财务官、投资组合经理、财产经理、慈善业务主管、财富分析师以及律师团队等职位。

在具体操作过程中，家族成员是否参与其中、参与程度如何可以根据不同家族需求确定。据美国沃顿商学院的一项调查，43%的调查对象选择家族成员作为单一家族办公室的负责人，51%的调查对象选择外部专业人士来担当这一职位，而越富裕的家族就越有可能聘请外部人士来管理他们的资金。选择家族成员来担当负责人的原因是他们对家族业务及整个家族情况都很熟悉，而不从家族中聘请人员的原因则是因为想把家族资产同公司资产分开。

从中国近年来的实践看，家族成员充分参与尤其二代的积极参与，是很普遍的现象。从某种意义上说，很多家族办公室的设立，就是为了培养二代接班人。

二、家族办公室类型

从组织形式来看，家族办公室主要分为单一家族办公室和多家族办公室两种。

1．单一家族办公室

单一家族办公室是为一个家族提供服务的家族办公室。美国证券交易委员会（SEC）将单一家族办公室定义为：由富有家族设立的法人实体，用以进行财富管理、财富规划以及为本家族成员提供其他服务。即某个家族将金融专家、法律专家和财务专家集合起来，专门管理自己的家族财富而设立的。

单一家族办公室只为单个家族监管财务以及生活方面的事务，因此建立在家族的个性化需求和喜好基础上。所以，这类家族办公室没有统一的组织结构，类型多种多样，有的只专注于投资事务，有的则搭建了内容全面的服务平台。

目前在全球约有1000余家单一家族办公室，其服务对象为家族资产净值在1亿美元以上的“超级富豪”家庭。

单一家族办公室运营成本每年约300万美元，团队规模为10人左右。在国内，单一家族办公室的门槛较国际惯例而言适度放宽，一般要求客户家族资产净值达到3亿～5亿元人民币。

盈峰集团应该是国内家族办公室的一个雏形。盈峰集团创建于1994年，他们投资了包括易方达基金管理公司、顺德农商银行等多家金融机构。2010年全额投资成立了广东省盈峰慈善基金会，但这一切或许都没有这家公司的掌门人更加令人瞩目，其董事长何剑锋是美的集团的少东家。

与之类似，万达集团董事长王健林之子王思聪成立的普思投资是一家专注于中国市场的私募股权投资公司。

实际上，普思投资也是单一家族财富管理办公室，而且更具有中国特色，是为培养接班人设立，接班人直接参与其中。由此，王思聪成为当今中国市场具有专业眼光的投资人，这远远超过其父的初衷。近年来市场津津乐道的是2009年从英国留学回来的王思聪，不愿意进入万达工作，其父王健林给了他5亿元人民币，成立了普思投资公司。经过五六年时间，这笔初始投资已经变为 40 亿元人民币。但市场多数人忽视一点的是，这家普思投资聚集了最优秀的投资管理人士，做了这个市场中最专业的工作，取得了超预期的收益。

2．多家族办公室

以洛克菲勒家族创立的美国洛克菲勒投资管理公司为例，其创立的初衷是专门为洛克菲勒家族提供服务。但随着不断的发展和声誉的提升，该家族办公室逐渐将目光转向全球的富有家族和机构投资者，为他们提供综合财富管理服务。

与单一家族办公室只服务于一个家族不同，现在越来越多的家族办公室开始同时为多个家族提供服务。多家族办公室服务内容与单一家族办公室相差无几，只是每个多家族办公室平均要为 50 个家庭提供服务。一般而言，投资财富在 1500 万美元左右的家族，可考虑选择多家族办公室。

截止到 2015 年底，全球规模最大的多家族办公室其总部设立在瑞士的 HSBC Private Wealth Solutions，管理着 297 个家族，资产总额约 1236 亿美元（平均每个家族 4.2 亿美元）。管理客户平均资产规模最大的多家族办公室其总部设立在瑞士日内瓦的 1875 Finance，管理着 3 个家族约 54 亿美元的资产（平均每个家族超过 17 亿美元）。

目前，国内大部分富裕阶层家族资产大约为 5000 万～1 亿元，真正意义上的“超级富豪家族”仍为少数，因此多家族办公室对这些家族来说是更为经济的选择。

汉景家族财富管理办公室是国内典型的并具有代表性的多家族办公室。国内著名中成药制药企业步长制药集团董事长赵涛曾在接受采访中透露，步长家族参与了“汉景家族办公室”工作，主要作用是保证家族财富稳定，让财富保值、增值。

三、亚洲富豪家族对家族办公室的独特需求

瑞银与坎普登联合发表的《亚洲区家族办公室研究报告》显示，亚洲富豪家族与西方富豪家族的需求相比有四方面的差异。

（1）家族办公室保密性。与西方富豪家族相比，亚洲地区的富豪家族对保密性具有更加严苛的要求。即使是在非正式场合进行讨论，亚洲家族富豪也不愿意更多地涉及家族治理、代际传承和财富管理等话题。此外，在对家族办公室目标重要性排序的调查中，保密性要求位列榜首，

是亚洲富豪家族最为看重的，紧随其后的分别为风险分析和投资绩效分析。而与西方发达国家不同，礼宾服务、遗产规划和慈善机构设立被亚洲富豪家族认为是最不重要的三项，显示出中西方富豪家族在家族办公室服务中存在较大差异。

（2）家族成员参与度。受强烈的家族观念影响，亚洲地区超级富豪积极推动家族成员参与到家族办公室的管理中。与欧洲依靠专业化团队管理的模式不同，亚洲地区家族成员在家族办公室中的占比远高于其他地区。在亚洲地区，六成以上的家族办公室有富豪家族的成员参与，职位上至首席执行官和投资总监，下至实习生均有涉及。

（3）对服务提供商的依赖程度。在家族办公室服务提供商选择过程中，亚洲地区富豪秉承“鸡蛋不放在同一个篮子里”的原则，表现得更为谨慎。亚洲地区富豪家族倾向于将资产交由不同的托管人进行托管，且在机构的选择上，私人银行是他们优先选择的服务提供商。此外，与欧洲家族办公室不同，亚洲富豪家族办公室一旦选定私人银行作为其资产管理人后，往往会与该银行保持较长期的紧密关系，即使银行资产收益表现在短期内不尽如人意，亚洲富豪家族也不倾向于立刻更换合作机构。这一方面显示出亚洲富豪对私人银行等服务机构的信赖程度，另一方面也体现其保密性要求，不希望在频繁更换合作机构的过程中披露更多信息。

（4）业务开展范围。简单概括而言，中国富豪家族关注投资收益，海外富豪家族关注遗产避税。富豪家族偏好的不同直接导致国内外家族办公室业务开展项目存在较大差异。目前，由商业银行和信托机构领军的家族办公室业务在我国刚刚兴起，主要侧重于投资银行服务，家族事务管理的业务仍有待进一步探索。此外，在家族办公室的全球资产配置问题上，国内家族办公室还有待向国际先进经验学习。

四、家族办公室的性质与发展

家族办公室对家族财富的管理、保护与传承是重中之重。

如果以中国本土化的职业进行类比，家族办公室兼具着我国大家族中账房先生和大管家的双重职能。家族办公室是具有契约性、私属性、服务性和实现服务家族利益最大化的特点。

1. 契约性

家族管理办公室是依照法律条约，按现代企业制度、依法设立的专属（或特定）服务组织。其基本属性是通过服务实现营利的企业组织。家族办公室的所有服务项目和内容，均由契约设定。

2. 私属性

家族办公室是为特定的单一或多个家族以财富管理为主要内容的服务机构。

3. 服务性

其服务性特点表现为：

第一，个性化定制特征。家族办公室能够更好地满足富豪家庭个性化金融需求，把富豪家庭的利益摆在第一位。对于那些单一家族办公室来说，其存在的唯一目的就是满足其服务的这一个家族的所有需求，因此其服务完全是定向、定制化的。对于那些多家族办公室来说，一个团队服务的客户数量也不过 5～7 个家族，数量比较少，家族办公室能够根据家族的需要为其提供相应的定制服务。

第二，对富裕家族而言，家族办公室提供的产品和服务是系列化、组合化、全方位的。例如，家族代际传承、慈善基金设立、子女财产分配等都是传统机构都无法覆盖的范畴，但家族办公室可以做到。

4. 实现服务家族利益最大化

家族办公室不仅是为家族提供服务的供应商，更多地扮演了“管家”的角色，与家族之间高度信任、紧密联系。英国有名的高福诺集团为西敏寺公爵家族服务了300多年，几乎被视为家族中的一分子。这充分反映了双方之间的信赖、配合与默契，当然也离不开家族办公室优秀的团队、长远的眼光、高质量的服务和可持续的发展能力。

家族办公室的核心竞争力来自于其雇用的精英团队，具有银行、信托、保险、财务顾问、律师、投资、证券交易等背景的各行业人才紧密合作，依靠丰富的从业经验为富豪家族提供定制化服务，全面处理财富管理、税务规划、慈善捐赠、子女教育等各项家族事务。

由于每个家族都希望能找到顶尖的理财专家为自己服务，这就意味着许多家族办公室在招聘人才时需要和华尔街投资银行、对冲基金争抢人才。除各领域的专家与精英外，家族办公室中还有一些人扮演者“财富架构师”的角色，他们就像是家族办公室的“客户经理”，负责在富豪家族需要时寻找合适的人才和产品，对接相应的资源。

家族办公室实际上一直处于发展、进化的过程。英国伦敦西区的牛津街坐落着著名的 Selfridges 百货商店，穿过熙熙攘攘的人流，蜚声欧洲的沙艾尔投资办公室座落于此。这是一家由斯科特家族全资拥有，专为全球超高净值家族和基金会服务的联合家族办公室。

五、家族办公室实务

1．斯科特家族

斯科特家族的詹姆斯•威廉•斯科特爵士（Sir James William Scott）于 1903 年创办了省际保险公司（Provincial Insurance Company），其后该公司发展为大省际集团（Provincial Group）。他的两个儿子塞缪尔•斯科特（Samuel Scott）和弗朗西斯•斯科特（Francis Scott）秉承父志，将大省际集团发展为一家国际金融机构。到 1994 年，大省际集团的年收入超过 5 亿美元，员工总数达 2200 人。1994 年，第四代家族成员以 3.5 亿英镑的价格将企业出售。与企业脱钩后的家族并没有四分五裂，而是继续以家族为整体，寻找能够有效管理金融资本的方法。1996 年，詹姆斯·威廉·斯科特爵士的曾孙亚历山大·斯科特（Alexander Scott）创办了沙艾尔家族办公室（Sand Aire），系统管理家族财富。2001 年，其对首位外来家族客户开放，从单一家族办公室转型为多家族办公室。如今，沙艾尔投资办公室已跻身于英国最有影响力的家族办公室之列，不仅管理着斯科特家族的金融资产，还管理着资产超过 2500 万英镑的近 50 个超高净值家族客户，以及牛津大学、剑桥大学基金约 50 亿美元。

2. 戴尔家族办公室

2013 年 9 月 12 日，全球第三大 PC 制造商戴尔公司董事长兼 CEO 迈克尔·戴尔（Michael Dell）与私募投资公司银湖资本提出的 250 亿美元的收购要约方案获得批准，戴尔公司完成私有化。而这笔自金融危机以来，全球最大规模的杠杆收购案的幕后操纵者，正是戴尔的家族办公室 MSD Capital。

MSD Capital 创建于 1998 年，迈克尔当时为此投入了 4 亿美元初始资金，并且邀请格伦·福尔曼(Glenn R. Fuhrman)和约翰·费伦（John C. Phelan）担任管理合伙人。发展至今，MSD Capital 管理的资产总值估计超过 130 亿美元，并在纽约、洛杉矶、伦敦均设有办公室，聘请了 100

多名全职员工。

MSD Capital 创办的前两年，戴尔与合伙人一直都在确定家族办公室的投资理念，即维护家族利益、保证财富长期保有及增值的最佳安排。过去的 15 年中，MSD Capital 的投资分布在能源、餐饮、通信、金融、建筑与汽车等不同的行业，平均每笔投资金额为 1 亿～2.5 亿美元，每个方向都有专业团队负责。当然，MSD Capital 也会避免投资过于分散。从投资策略和方向看，MSD Capital 既有追求稳定收益的房地产投资，也有高风险、高回报的特殊机遇投资，其目的正在于保证家族财富保值增值的同时，还能将一部分利润贡献给戴尔家族基金会——迈克尔・戴尔与苏珊·戴尔基金会的经费，以支持戴尔夫妇的慈善活动，从而增加家族社会资本。

此外，MSD Capital 与戴尔公司是彼此独立的法人实体。MSD Capital 与戴尔公司除了迈克尔・戴尔本人以外几乎没有任何联系。首先，在资金层面，MSD Capital 跟戴尔公司没有任何关联，只是帮助迈克尔把家族资产配置于 IT 行业之外，实现分散投资；其次，在人员层面，家族办公室里所有的合伙人（同时也是各部门的负责人）均是金融领域的资深经理人，没有一位戴尔家族成员或戴尔公司高管。

值得注意的是，这并不是 MSD Capital 首次参与的大规模收购，在 2008 年金融危机期间，它就与其他投资者进行过类似的合作收购。当年，MSD Capital 投资 3 亿美元，参与了抵押贷款机构 IndyMac 银行的收购。当时，它加入的财团为此项收购筹资 139 亿美元，该财团成员包括前高盛高管史蒂文·姆钦（Steven Mnuchin）创办的 Dune Capital Management、詹姆斯·弗劳尔斯（J.C.Flowers）的 PE 公司、以做空美国次贷一举成名的约翰·保尔森（J.Paulson）、创投公司 Stone Point Capital、乔治·索罗斯对冲基金所掌管的私人投资公司 SSP Offshore。该财团对 IndyMac 注入资金后，将其更名为第一西部银行（OneWest），并准备在 2013 年将其上市，MSD Capital 从此在华尔街一举成名。

3. 匡特家族办公室

20 世纪 80 年代初期，匡特家族第四代传人——哈拉尔德·匡特（Harald Quandt）的五位女儿共同继承了戴姆勒-奔驰公司 15%的股份。但五姐妹对管理实业企业兴趣不大，于是将股份出售后，成立了哈拉尔德·匡特控股有限公司（Harald Quandt Holding，以下简称“HQ Holding”）。她们聘用了管理家族企业的专家——伯恩哈德·冯德林来为其集中管理 HQ Holding 持有的家族资产。时至今日，五姐妹的财富仍然采用这种集中投资模式进行管理。HQ Holding 是德国最早成立的单一家族办公室之一，负责管理五姐妹的金融资产，并投资于美国的房地产，为她们提供量身定制的服务，从投资、保险到艺术收藏品、马厩管理等。之后的 1987 年，五姐妹又成立了一家多家族办公室——国际经济金融研究所（FERI），为其他家族提供服务。FERI 的核心服务是对超高净值人士的完整资产负债表的全面管理和治理。当时 FERI 搭建的 IT 记账系统在市场上可谓独树一帜。鼎盛时期的 FERI 拥有约 160 个家族客户，管理着 200 亿欧元的家族资产，拥有 300 多名全职员工，包括 150 名研究员。

在 FERI 创建多家族办公室平台的过程中，HQ Holding 也在持续开拓新的投资领域。五姐妹陆续成立了 Auda 公司，专门提供在美国进行另类投资的专业建议；成立了 RECAP 公司，为客户提供寻觅房地产投资机会，公司在美国总共投资了 80 亿美元的商业及住宅地产；成立了 Equita 公司，专门投资于德语国家的中盘股，利用母公司 HQ Holding 的网络及经验，投资于这些中小型创新企业。与 30 多年前创办之初的 15 亿德国马克相比，

HQ Holding 及旗下公司如今共管理 173 亿美元资产（包括外部客户资产）。

2000 年，FERI 重组为两家公司，分别是研究、房地产、基金等机构投资合并为 FERI Finance Group，而私人财富管理、税务、传承规划、信托服务等则成为绍本信托（Sauerborn Trust）。2006 年，基于绍本信托的成功经验，匡特家族创建了一家全新的多家族办公室——哈拉尔德·匡特信托（HQ Trust）。经过三年的内部调整及准备，HQ Trust 在 2009 年开始运营，并开始邀约外部家族。2011 年，前绍本信托的团队与其所有过往的家族客户全部加入 HQ Trust，这使得 HQ Trust 继承了绍本信托的衣钵。

虽然 HQ Trust 由匡特家族全资拥有，但其定位是面对富有家族或机构投资者的专业金融机构。与普通多家族办公室不同的是，它并非由属于家族的单一家族办公室演变而来；而是一个与单一家族办公室平行而建的家族所有/职业经理人管理的多家族办公室。

实际上，欧美家族办公室已经非常成熟，管理模式基本属于全权委托，家族为办公室支付管理费。而目前国内大部分都还多是单一事件，一事一议。客户的需求是单一事件型驱动的，没有全面的规划，因此对家族办公室的需求也普遍没有达到全权委托的阶段。

第四节　家族办公室的目标与顶层设计

家族办公室作为财富管理专业组织，其基本目标是确保客户财富（各项资产）的保值、增值与有效传承。

我们近年来陆续对几十个家族调研，由于第一代家族掌门人的年龄、教育背景与第二代子女数量等因素，不同阶段其需求有不同的变化。但根本上，离不开“两个安全”：家族成员的人身安全和家族财产的安全。

所谓家族办公室的顶层设计，实际上是确保这两个目标的实现，在组织架构的体制和机制上的设计。

从顶层设计的角度切入，说明确保家族运行良好，需要一套管治体系。即有自动修复功能、风险防范功能，有经济科学的运营系统。如同房子的“地基”与“结构框架”需要坚固一样。

如图 6-1 所示，实际上，从家族到家族办公室的管理团队，要完成对“财富管理”“家族管理”“家族业务管理”的控制与整合管理，提高协同效应。家族管理协同效应一般是指处理好收益最大化、风险最小化、营运成本最低化、管理效率最高化等几个互相制约因素的平衡。这就要求它们之间互相关系清晰，有确切的梳理各种关系、资产所有权、管理权、决策权等交错又重合的要素。

处理上述事物后，就涉及内部的管治运作体系了。

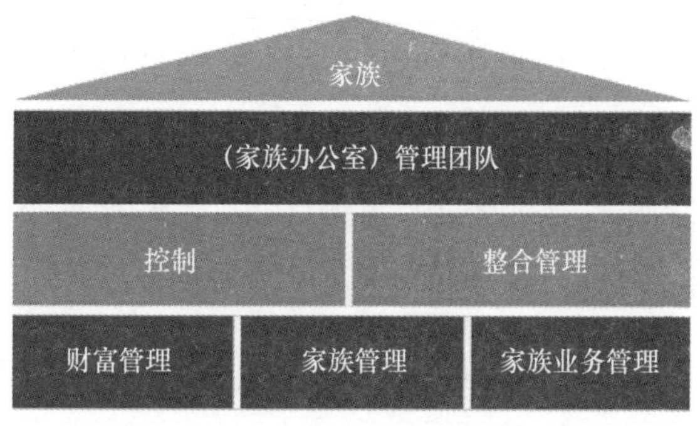

图 6-1　家族办公室管理团队的工作职责

“家族办公室的管理 / 支配系统”如图 6-2 所示，它由上至下贯穿家族与家族办公室两个层面，这两个层面的完好、顺畅运行，才能完整代表着家族治理体系的有效性。

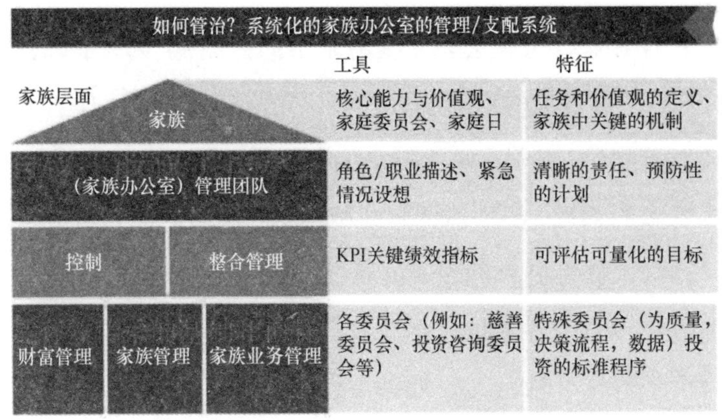

图 6-2　系统化的家族办公室的管理/支配系统

第五节　家族办公室的主要职能

一、通过家族办公室实现整体财富战略设计

比尔·盖茨的家族办公室扮演了家族财富顶层设计的重要角色。比尔·盖茨最初的绝大部分财富都聚集在微软公司中，这种集中持股的情况与国内民营企业家十分相似，由于可投资资产的限制，大部分第一代创始人的财富集中度非常高，因此风险也十分集中。2001 年 IT 泡沫破裂后，比尔·盖茨的个人财富也随之大幅缩水。在随后的十几年中，通过瀑布投资，比尔·盖茨成功地将财富投资

于各行各业，微软公司在其财富中的占比从 99%下降到 12%，在财富大幅增值的过程中成功降低风险，优化了家族财富结构。此外，家族财富的整体战略还包括了家族社会资本的管理，捐赠给比尔与梅琳达·盖茨基金的财富也同样由家族办公室经理人同时投资管理，家族办公室角色覆盖家族金融资本与社会资本，为比尔·盖茨的慈善事业做出了巨大贡献。

二、精心设计家族办公室结构并选择职业经理人

家族永远是自己财富和声誉的最终负责人，但家族也需认识到家族办公室战略规划、治理结构与管控流程的重要性。比尔·盖茨最初委托好友管理财富，并未设定正式的法律实体与组织结构，也没有确定明晰的职责归属，缺乏透明的汇报程序、绩效审核及监控机构，没有对重要工作人员的资格标准进行审核（因朋友关系而睁一只眼闭一只眼），这种不严谨的家族办公室设计势必带来巨大的不确定性及风险。最终，埃文斯夫妇的不法行为给比尔·盖茨的声誉带来负面影响，声誉、友谊双双蒙受损失。比尔·盖茨的家族办公室经历了从个人化到机构化的发展过程，世界首富的经验教训对中国家族极富价值，中国家族办公室应该从第一天开始就坚定地走上机构化、专业化的道路。

三、低调隐蔽地管理运营家族财富

家族办公室是一个低调的财富管理机构。多数成功的企业家希望个人财富尽可能地避免出现在社会聚光灯下。在企业形象、公共关系、家族声誉等挑战越来越高的时代，能够自主地控制家族对外开放的信息着实不易，家族设立单一家族办公室的一个重要出发点就是保持其隐蔽性。因此，单一家族办公室的隐私管理十分重要。瀑布投资早在2009年就从美国证券交易委员会获得档案保密状态，免去股权变动所需做出的披露，而赦免家族办公室信息披露的《多德-弗兰克法案》在2012年才生效。比尔·盖茨的瀑布投资为国内家族提供了一个非常成功的案例，通过综合运用命名、投资方法、投资工具、员工管理等多种方式让家族办公室隐身于公众视野之中。

四、更好的实现公益

在英国《每日电讯报》的一次采访中，比尔·盖茨表示："我自然是衣食无忧。当超过一定程度，金钱对我便没用了。财富的效用是用来创建一个机构，然后将资源送到世界上最贫穷的地方。"比尔·盖茨承担起与自身影响力相等的社会责任，与好友巴菲特以身作则地将几乎全部财富捐出，也与巴菲特倡议全球最富有的人士们参与“捐赠承诺”计划，将过半财富捐献给慈善事业，不禁让人再次思考财富的意义。对于比尔·盖茨而言，捐赠金钱早已不是他最大的贡献，他把终身最为宝贵的资产——时间也完全奉献给公益慈善事业。尽管捐出98%的财富都能无忧生活的盖茨夫妇现在全身心投入到基金会中，但诚如他们2016年的公开信中所言：“如果可以拥有一种超能力，我们希望它是更多的时间和精力。这种对财富本质的深刻理解及人类福祉的责任感，十分值得中国富有家族思考与借鉴。”

中 篇

家族企业传承

家族企业是家族最重要的资产载体，也是在传承中需要解决的重点内容。目前中国企业家族基本处于第一代向第二代传承过渡期，几乎没有成型并被公认的方式可以借鉴。而欧美以及日本企业家族不同，多数企业已进入资产权与管理权分离阶段：不仅有几代积累的家族财富，而且有几次的交接班经验形成不同、可借鉴的传承模式。因此，中国企业家在当代传承的实操上，具有一定的难度。

本篇将重点从操作层面探讨家族传承中企业组织层面的痛点与困惑。

第七章

企业组织传承的顶层设计：所有权（股权）与经营权

家族企业早期，股权与管理权往往合二为一，集中掌握在企业主手中；随着企业发展，企业开始逐步建立了代表所有者利益的董事会，对掌握经营权的高管层进行监督管理，并在此基础上逐渐建立了现代企业制度。当然，董事会本身也是个逐步成熟的发展过程，家族企业发展的终极目标是建立现代企业制度。股权和经营权设计不好，很容易引发一系列家族内部的纷争，轻则影响家族团结，企业发展遭遇波折；重则家族成员分崩离析，企业四分五裂。在实际生活中，这样的案例不胜枚举。

家族企业组织传承的核心是对股权和经营权的设计，可以讲是传承的顶层设计。从欧美家族企业传承发展看，一般需要两代才能最终完成。

第一节　所有权（股权）传承

我们谈家族企业传承，首先是股权怎么分的问题。清晰科学的股权界定，是有效传承的基础和前提。

一、家族企业的股权关系类型

家族企业股权关系类型与第一代创业时期的构成有关，目前主要有以下几种类型：

1．独自创业

独自创业是目前中国家族企业的主要类型。由于特殊的市场环境，中国第一代企业家大多是独自创业，单打独斗家人、朋友用不同的方式，帮助企业成长。这种企业股权相对简单。具有代表性的有福耀集团创始人曹德旺、娃哈哈集团创始人宗庆后等。这两家企业为创始人独自创业的企业，后来，家族成员先后进入。

2．父子创业

这种家族企业以父子血亲关系为基础，成员关系密切，产权关系相对清晰。这也是最传统、最常见的家族企业类型。陕西咸阳的步长制药集团是目前世界上最大的植物制药企业。步长制药集团的创办，就是赵步长与儿子赵涛联合创业，并使用了父亲赵步长的名字——步长，在 20 余年发展过程中，家族成员陆续进入。

3. 夫妻创业

这种家族企业以婚姻关系为基础，成员范围复杂，不仅股东结构复杂，主要管理层人员基本来源于双方家族成员。典型企业，如真功夫。

4. 兄弟姐妹共同创业

这类家族在继承问题上面临的问题比较复杂，至少存在两个以上的直系继承人，产权关系和管理关系复杂。典型的如刘永好四兄弟建立的希望集团。

5. 同学创业

这类企业在科技领域比较多见，如复星集团、阿里巴巴和腾讯等企业，基本由同学、好友组成最初的团队创业并将企业做出规模。

二、家族企业所有权（股权）传承规律

家族企业所有权传承是有规律可寻的。纵观世界家族

企业的发展，我们发现，其组织形式表现在股权和治理结构上基本延续了这样一条脉络：完全家族投资、家族管理——吸收外部股东稀释小部分股权、家族主要创业者管理——大部分股权被稀释（主要通过上市）、家族控制——家族保留部分股权，但已不参与管理——家族股份已基本不存在。

在整个发展脉络中，我们可以清晰地看到股权的有序传承。实际上，无论企业创业时如何，随着企业成长发展，企业内部的股权结构会逐渐演化。独自创业和父子创业、夫妻创业家族相对简单。如果是独生子女家庭，股权基本上集中在一家三口人手里，在第二代继承问题上，极少出现内部矛盾；如果家庭具有多个子女，在企业管理权和股权的继承上就出现分配方式的选择。而兄弟姐妹共同创业的家族企业中，由于股权结构本身已按兄弟姐妹人数分开，而每一位创始人又有若干子女，因此在继承问题上，无论是管理权还是股权的分配都会相对复杂，极容易引发家族矛盾导致企业分拆。

家族企业所有权（股权）传承的基本思路是：按照企业发展的不同阶段，解决好如何分股份、分多少股份、谁有资格分这些具体问题。

第二节 经营权传承：所有权（股权）与经营权的分离

经营权的传承，通俗地讲，是企业将来由谁来管理、谁来运营问题。

从欧美等国家看，由于这些国家和地区有较为成熟的职业经理人市场和制度，有规模的家族企业基本交由职业经理人来打理，也就是所有权与经营权实现了分离。

但在中国，家族企业传承中经营权收放依然里一个重要问题，是选择家里人还是选择外面人？是信任家里人还是信任外面人的问题。重庆力帆集团创始人、董事长伊明善曾经说："（家族企业）选择亲人，是为了企业的生存和稳定；选择外面的人，是为了企业的发展。"其实，无论是亲人还是外面人，都有一个怎样认识和界定所有权和经营权的问题。从我们接触到的家族企业看，一些创业企业家们经常把财富继承和管理权继承问题混淆在一起。他们认为，只有把企业经营权也交到下一代手里才是传承。实际上这是一个误解。

当企业有一定规模、有适销对路的产品、有基本确定的市场、有成型稳定的团队，经营权可以授权给执行团队，也就是控制股权，出让经营权。

在中国企业传承中，除家族成员继承家族企业的经营权、职业经理人逐步接管家族企业经营权逐渐增多。实际上，交出经营权后，下一代则可以从事自己喜欢的职业。在经营权和所有权分离上，具有标杆意义的是美的集团的何享健家族。

美的集团的发展历史具有中国特色，可以追溯到 1968 年。当时是一家由何享健先生带领的 23 位居民集资 5000 元办起来的街道作坊。几十年来，美的逐渐发展成为一家现代大型企业集团。1992 年，美的集团进行内部份制改造，于 1993 年在深圳证券交易所上市，是中国第一家由镇企业改组上市的公司。何享健家族成为绝对控股的大股东。

2012 年，美的集团正式对外宣布，集团创始人何享健不再担任集团董事长，但继续担任美的集团的控股股东——美的投资控股有限公司董事长。方洪波接替何享健担任集团董事长，并担任美的电器董事长和总裁。美的正式完成企业创始人和职业经理人的交接棒。

作为何享健家族第二代的代表，其独子何剑锋无意涉足美的的经营，在 2012 年美的集团改朝换代中，仅以董事身份位列新一届美的集团董事会的 10 名成员之一。但这一切，并不阻碍何剑锋在美的集团之外的商业江湖中“锋芒毕露”。

何剑锋出生于 1967 年，与方洪波同年。1994 年，当方洪波还在美的总裁办工作的时候，何剑锋已经开始了自己的创业之旅，不过，何剑锋的业务与投资又离不开美的的身影。

何剑锋最初于 1994 年在美的电器大本营顺德北滘成立的顺德市现代实业公司，主要为美的贴牌生产电饭煲、电磁炉、电热水器等产品，随后何剑锋又成立多家与电器有关的公司。2002 年，广东盈峰集团有限公司注册成立，何剑锋掌控的企业开始进入集团化运作时代，形成了涵盖风扇、电暖器、电饭煲等几乎小家电全线产品的规模。

到了 2003 年，何剑锋开始转卖旗下资产，次年，将盈峰集团旗下的两家公司卖给美的电器，套现近 7000 万元，这成为何剑锋商业生涯中一笔丰厚的原始积累。之后，何剑锋开始了一系列资本运作，2004 年，美的集团和中山市佳域投资分别以每股 4.28 元收购 ST 上风 2489 万股和 2153 万股。而 2006 年股改前夕，ST 上风的三大法人股东一致抛弃利益，将5000万法人股分别以每股2.97元和4.28元转让给了盈峰集团。美的集团和中山佳域在投资ST上风并无收益，而何剑锋则从中大赚一笔，这次交易曾一度让外界质疑何享健的“父子运作”。此后，ST上风摘帽成功，何剑锋在上风高科的董事会选举中当选为董事长。目前，盈峰控股持有上风高科39.08%的股份。

拥有上市公司之后，何剑锋开始在金融领域持续发力。2007年3月，何剑锋成立了深圳市合赢投资管理有限公司，随后又收购了易方达基金管理有限公司25%的股权。

2008年9月，何剑锋掌控的“广东盈峰集团有限公司”正式更名为“广东盈峰投资控股集团有限公司”，实现从实业公司向投资公司的转型。盈峰控股注册资本8亿元，下属有盈峰资本管理有限公司、贝贝熊、上风高科、盈峰粉末等16家控股子公司，同时还是易方达基金管理公司并列第一大股东，此外还战略投资了开源证券、顺德农商银行、香港卫视以及艺术品、影视文化产业。

2012年，盈峰资本入股有孙俪同为股东的海润影视制作有限公司，又成立了海润盈峰影视基金和麒麟盈峰电影基金，目前其投资的影视项目包括4部电视剧和1部电影。作为业务补充，盈峰资本的影视投资约占整个公司业务的

7%。盈峰控股本身就披着浓厚的美的色彩。在其官方发布的关联企业名单中，美的控股、美的集团、美的地产赫然在列。何剑锋持有盈峰控股 91%的股权，佛山市盈峰贸易有限公司持有盈峰控股 9%的股权，而佛山市盈峰贸易有限公司由何剑锋的妻子卢德燕持股 90%，何剑锋持股 10%。

2012 年，盈峰控股将旗下合赢投资与盈峰创投合并，成立了综合型资产管理公司——盈峰资本。盈峰资本公司注册于深圳，注册资本 5000 万元，旗下证券投资基金、PE 投资基金达 22 只，管理资产近 50 亿元。截至 2016 年 3 月底，盈峰控股持有盈峰资本 62%的股权。

在家族企业的传承上，无论是经营权还是所有权，传承的方式都是多样化的，也有很个性化的做法。只要符合基本的法律和商业逻辑，家族企业传承完全可以自由选择最为适合自己的方式。

第八章

中国的现实：仓促的交班与接班

有人曾问被誉为经营之神，也曾被中国第一代企业家们奉为圭臬的日本企业家松下幸之助：你认为什么时候开始培养企业接班人呢？松下幸之助毫不犹豫的答道：现在！

企业交接班应是一场有预设方案的折子戏。这场戏，应与企业成长同步、应与家族下一代的成长同步。

我们看欧美那些经历百年而不衰的优秀企业，其实都有一套完整成熟的接班人计划。这些计划中，至少会包括完整的"接班人成长计划"和"新领导力培养计划"，既有对企业未来领导者的选拔、培养、更替计划，同时也包含了对未来企业管理团队的培养和搭建。

培养接班人，通过交接班实现企业可持续发展和财富的再创造，是企业最高领导者的任务之一。

从我们近年来观察了解的企业运行情况看，多数企业家对这个问题是没有什么准备的。而所谓有准备的企业家，也不过是在美国买上个房、为子女做个移民而已。但这些，不是企业的交接班！

第一节　家族企业交接班面临的困境与难题

国内家族企业普遍处于第一代向第二代交接班时期。第一代创业时候非常辛苦，孩子很早就送去海外或者国内几个大城市的寄宿学校。这种情况造成的结果有两个特点：

第一，他们跟父母之间感情上比较疏远。孩子们不愿意回到父母和自家企业中工作。

第二，父母在艰苦创业过程中，对将来传承的问题考虑比较少，孩子大学毕业后，就算回来继承家族企业，也不见得马上接手。

目前，国内环境也发生了变化。1998 年，当中国提出要创建世界 500 强企业目标时，那一年美国有 110 家企业进入世界 500 强，中国一家没有。到 2016 年底，中国已经有超过 110 家企业进入世界 500 强行列。

经过一代人的努力，中国人创造了西方发达国家需要几代人才能积累的财富。这些财富，主要集中在“50 后”“60 后”和“70 后”手中。中国家族企业家掌门人也是这个群体，需要交班的同样是这个群体。

目前，家族企业家交接班面临的难题主要有三个：

（1）上一代还没有准备好，不想交、不愿交、不全交。

（2）下一代还没有准备好，不想接、不愿接、不全接。

（3）环境和制度仍然有待继续成熟和完善，不敢交、不能交、交不下去。

如果没有做好交接班的准备，最终因为意外因素（如突然离世等）仓促进行交接班，对企业会产生巨大影响。山西海鑫集团创始人李海鑫，由于意外死亡，匆忙中将在澳大利亚读书的独生子接回国接班。几年过去，一个资产上千亿的公司，走到破产地步，令人唏嘘不已。

从过往案例看，即使接班人已经做好准备，并在实践中承担了绝大多数职责，但只要没有明确而全面的所有权与管理权移交，仍会在市场、客户和员工的心里存在质疑。

第二节 上一代准备好了吗?

美国建国后，第一任总统——华盛顿在两届任期结束以后自愿放弃权力不再继任，从此在美国历史上留下总统任期不能超过两届的规矩。

家族企业本质上也是一个组织。这个组织和任何组织一样，接班人是个很敏感的话题。

新老之间的矛盾，主要来自于在上面位置上的人迟迟不愿离开，在下面位置上的人又急于上位。这就是传统文化中的“父未老、子已成”，是件比较尴尬的事情。

当年，清朝的康熙皇帝执政 61 年，共有存活下来的儿子 24 个，反复立废太子，但最终仍然出现历史上最悲壮的“九龙夺嫡”的故事，兄弟间的斗争激烈、伤亡惨重，对家族伤害之大，令人瞩目惊心。

今天，在交班这个问题上我们看到很多企业家还没有做好准备，依然有隐患存在。上一代人总认为自己还能干，而且永远能干。华人企业家李嘉诚八十多岁了依然在一线打拼；更典型的是香港邵氏企业集团掌门人年过百岁，依然上班。2015 年新晋华人首富万达创始人王健林曾在 15

年前说：当企业销售收入超过千亿、自己 60 岁时就退休。但很快，不到两年万达的销售收入就过了千亿。此时，他又改口说：等企业销售收入超过万亿时再考虑退休。企业销售收入数据是个幌子，本质上是老一辈不愿退出历史舞台。

2016 年，资本市场上最跌宕起伏的商战可能就是万科的股权与控制权之争了。万科创始人、中国房地产业教父级人物王石再次被推到了风口浪尖。王石已经超过 65 岁，万科上市已经 25 年。无论从法律的角度还是从资本的角度来看，王石都早该按照国家规定正式退休，退出万科管理层。但现实是；王石在争夺万科的控制权上依然付出了巨大的努力，媒体也对王石的去留表现出了高度的关注。据媒体公布的一些调查结果，私募行业对宝能的支持率高达 60%，对王石的支持率只有 22%。这个事件非常有意思，王石虽然没有把万科做成家族企业，20 年前就放弃了绝大多数的企业股权，标榜建成中国最规范最透明的公众公司。但在心态上，仍然对于掌控企业具有强烈的企图心和难以放手的失落感。王石虽然在 1999 年就逐渐放弃万科的行政事务，着力培养郁亮为万科接班人，并在 2001 年钦点郁亮出任万科集团总经理，但是，这个交班始终是以王石不会出局为前提的交班。

事实上，每个企业家都应该尽早找好自己的接班人，一旦出现意外情况，接班人随时可以顶上。螺钉拧好的机器固然是好机器，但一旦螺钉松了、掉了，机器就不能运转。事实上，在家族企业里，几乎百分之百的企业家都还是那颗最关键的螺钉，不但掉了不行，松了都运转不灵。这样的企业仍然是人治的企业，企业的生存危机仍然如影随形。太多的意外造成仓促的离任，留下仓促的传承故事。最好的机器是那些不同螺钉，直接就能卡在一起运转良好的。

这个世界上唯一不变的就是变化，谁能预言下一刻究竟会发生什么。怀抱最美好的愿望，设想最糟糕的情况，一切会变得更容易些。不同民族有不同的文化，对遗嘱有不同的认识和态度。在东方，由于传统习俗的影响，立遗嘱往往被认为是不吉利的行为。而在西方，立遗嘱历史由来已久，也是非常普遍的社会行为。许多西方人在孩子刚出生时就立好遗嘱。海外企业家也早早就在拥有资产的时候立下遗嘱，随时防备突发事件的发生。比尔•盖茨早在2003 年就立下遗嘱，将其五百亿美元的财产全部捐献给社会，只给自己的孩子留下三千万美元和价值一亿美元的豪宅。巴菲特也立下遗嘱将其 99%的财产捐出，用来资助贫困学生和人口计划生育研究等。但正是这看似不吉利的举动，能够保证在这个变化莫测的世界上，给自己和亲人一个明确的交代。

交班对于上一代企业家来说并不容易。放手，需要勇气，也需要智慧。理性地考虑，企业家应该随时做好有人能接班的准备。股权和经营权分开或是一并交接，都要提前做好准备。家族企业也许该制定一个规矩：任期一到，随即卸任，去享受另外一种人生。重病或死亡这样的突发事件不应该再成为事业的终止期。与其这样仓促而略显狼狈地退场，不如我们自己主动优雅地转身，给我们的子女和员工留下一个难忘的背影。

中国的另一位教父级人物柳传志先生已经年过 72 岁，他在 2016 年联想控股“蓄势而发，砥砺前行”主题活动上谈到退休问题时表示，“将一直会给朱立南当助理，直到班子成熟，业绩稳定向上，实在没必要给我发工资的时候，我再去过安逸的新生活”。

总之，上一代企业家们自身也面临着以下问题：

第一，精力已经不够旺盛，无法有效掌控全局，容易出现一些风险点。比如 2008 年三鹿奶粉事件发生的时候，田文华已经 66 岁，同时兼任董事长和总经理。

第二，创新创业的劲头减弱，企业因循守旧。如果进入瓶颈期，企业就不容易有新的开拓发展，这在家族企业中比较普遍。第一代企业家们开创的事业，为社会和家族创造、积累了财富，但也面临着技术已经发展、市场已近变化、企业需要转型的问题。

第三，最大的问题是创业一代已经老了，而下一代还没有准备好。

交班是个渐进的过程。从企业内部环境看，首先需要企业领导者在大权在握的时候，自觉进行制度建设，这比简单地推行股份制改造意义要重大得多。在制定好制度后，领导者应该首先带头遵守制度(而实际上很多企业的制度首先是领导者破坏掉的)，减少自己的家长作风，并通过一个“训政期”来培育员工的制度意识，使企业最终形成一个对事不对人的文化。在此基础上，才会使企业的未来领导人获得一种来自于制度的“合理合法权威”，建立健全企业的法人治理机构，使得员工与领导人能够相互制约、相互影响。

我们熟知三国时期的刘备艰苦卓绝的奋斗历程，再加上有神机妙算的诸葛亮的辅佐，但最后的结局还是接近于悲惨——扶不起的阿斗很轻易地断送了刘氏江山。

实际上，我们在责怪“扶不起的阿斗”的时候，有谁在问：刘备为什么没有提早对阿斗进行培养？

总之，从上一代来讲，应该从当下开始，做好培养接班人的准备。

第三节　下一代准备好了吗?

创业企业家们的第二代普遍存在不愿意接班现象，这实际上已经是个社会问题。

我们曾对江浙地区的家族企业做过问卷调查。其中90%以上的年轻一代没有接班意愿。主要原因有三个：

（1）由于二代们基本在大城市或国外完成了国民教育。且长期生活在上海、北京、杭州等中心城市。而第一代民营企业，大多起家与中小城市、乡镇。他们不愿回去过这种生活。

（2）第一代企业家的成长，得益于中国制造等大环境，而这些二代们更热衷于投资、金融所谓“高大上”的行当。无意于在干这些辛辛苦苦的工作。

（3）两代人在经营理念上具有差距。

没有准备的交班，会给企业创业者的“身后事”带来混乱；而没有准备的接班，则会让企业陷入无序管理与盲目经营的混乱中，不仅成功难以为继，用心血搭建的“高楼大厦”甚至可能顷刻坍塌。

如果企业正处在上升发展期，下一代接班人的日子就会好过一些；如果企业所归属的那个市场仍然有空间即市场机会还多，接班人上阵也可能会维持下去；如果接班人非常优秀，而且略胜一筹，就是那个家族的幸事；而如果接班人能力很差，那就会有大麻烦。仓促的交班和接班，会给企业留下太多的不确定因素。

接班，不只是职位的获取、股权的分配，在更深层次上是战略的传承、文化的延续、责任的转移以及团队的再造。

然而令人遗憾的是，目前的中国，由于缺乏有计划的培养，仓促移交的故事时有发生。

在海外，仓促接班的继承人经常会与一个庞大的专业团队共同掌管企业。以律师、会计师等专业人士组成的专业团队会帮助羽翼未丰的接班人安全度过这段充满风险的过渡期，确保企业平稳转入新的接班人手中，同时也尽可能避免接班人陷入内部“斗争”。

第四节　环境准备好了吗？

从历史和世界的角度审视企业传承，再把目光拉回到中国企业的现实，会发现，中国企业除了具有世界企业面临的一般困境外，还有一些独特的问题，我们可称其为三道门槛。

第一，连续近四十年的计划生育政策，使得中国家族企业在接班人问题上没有了选择，只有培养独生子一条路可走。

第二，中国职业经理人队伍还未全面成熟。我们培养职业经理人队伍的土壤还未真正丰厚。

第三，我们目前尚缺少一个支撑职业经理人的法律制度。《中华人民共和国物权法》为企业的所有权传承搭建了基本的法律平台，为股权的继承提供了环境保证。然而，在财产继承立法的具体细节以及配套法律上至今还没有一套可执行的规范。反观成熟的经济体，就财富继承问题，则有一整套完备的法律体系与税制予以保障。

交接班是一个过程，即使在非常成熟的企业，接班人培养计划非常完善，领头人的更替也会给企业带来波动，如果领导人仓促交班，也会造成不良影响。而在中国，家族企业都是改革开放以后的新生力量，三十年的发展尚没有打造出一支成熟的市场队伍，家族企业在各方面都没有做好充分的准备。

第九章 接班人是培养出来的

谈选拔接班人，我们应该首先明白：接班人是做什么的？

接班人是家族企业、家族财富和家族成员生命安危的守护者；是企业持续成长、家族财富保值增值的领导者。

企业接班人的选拔，重在培养。甚至可以讲，接班人是培养出来的。

第一节 谁能接班？

先看日本模式对我们的启示。

与东亚其他国家和地区的家族企业不同，日本的家族企业的血缘关系相对淡漠，家族成员的联系相对脆弱，责任和义务并不强，家庭中的各个角色并不一定要由有血缘关系的人来担当。“宁愿把继承权传给外人，也不传给能力低的亲生儿子”的情况在日本很普遍。

但与此同时，日本家族企业的家族氛围也很浓厚。很多情况下，“外人”并不算绝对的“外人”，家族掌权者通常会将这个“外人”收为“养子”。所以在日本，经常可以看到一个家族企业中“养父”比“养子”的年龄还小得多。此外，与中国的“诸子均分”的方式相比，日本实行的是“长子继承制”，这也最大程度地避免了企业在创业者过世后被儿女瓜分的命运，保证了企业规模的持续增长。

日本企业的这种独特性在很大程度上是受日本独特的家族生活方式影响的结果。无条件地追随和服从权威；缺乏个人的行动和个人的责任感，否定一切自主的批判和反省；干亲之间家庭气氛浓厚；对外敌对意识强烈。日本家族企业的继承制有以下三种类型：

（1）长子继承制。日本家族继承普遍实行长子继承而非诸子均分。不能分得家产的孩子，成年以后必须离开家庭外出谋生，加入家元（家元是日本式的一种非血缘、非地缘的行会组织，一个家元就是一个利益集团）拜师学艺。超家族的家元组织的重要性远超过家族本身。长子继承制保证了财产的集中，一个家族长久显赫。

（2）超血缘继承。日本人的家族不仅包括有血缘关系的人，也包括没有血缘关系的仆人、管家、佃户和雇工。户主位置一般从父亲传给长子，但长子的角色可以由没有血缘关系的人担任，不是以血缘关系的亲疏作为选择的原则。过继和招赘在日本既普遍又容易进行。家庭将继承权给养子而不是亲生儿子的比例高达 25%～34%。这种家庭关系对于日本人打破血缘信任、培养社会信任非常有利。

（3）家名延续。日本家族的延续，居主导地位的不是血缘、血脉的延续，而是家名，即家族名义的延续。如丰田公司虽已不由丰田家族控制，但丰田的家名仍然名扬世界，这对丰田家族而言就是最大的满足。在这种家族文化观念的支配下，将企业交给能够使企业顺利成长的外人掌管也就顺理成章了。

欧美发达国家的家族企业，有些时候会要求小孩来家族企业工作之前，有在外面工作的经验。现在中国也有很多家族企业的第二代，先在投行、略咨询公司做一段分析员，主要是训练他们的分析能力，然后再进入家族企业。

我们接触到一些欧美家族企业现任掌门人，通过交谈得知，他们几乎都是从十几岁起就到家族开办的企业中打零工，从长辈那里了解企业的历史与文化，获得一般人难以企及的经验与阅历。因此，很多家族企业的接班人在成年之前已经具备了担任企业高层管理人员的最基本素质。例如，美国的康卡斯特（Comcast）公司一度因为计划收购迪士尼公司而名声大噪。这也是一个家族企业，现任 CEO 布莱恩•罗伯特是企业创始人的儿子，也是第二代接班人。他从学生时代开始就在家族企业打工，学习安装电视接收设备，挨门挨户推销电视节目，以及如何发号施令。布莱恩说，父亲是他最亲密的朋友和导师。

在美国，如果还未等继承人成年，上一代就不幸去世，家族企业一方面会建立一个由律师、银行家等组成的团队托管财产，另一方面为继承人聘请一个由教师、律师、公关人员、公司元老组成的辅导团队，协助培养企业继承人。在他们的辅佐下，等到继承人成年后，再移交股权和财产。这样的情况在希尔顿家族、希腊船王奥纳西斯家族都曾出现过。

美国通用电气公司（GE）是家世人公认的卓越公司。GE 接班人选拔过程，本身就是个培养的过程。1878 年，爱迪生创建爱迪生电灯公司，后与汤姆森—休斯顿电气公司合并，成立了通用电气公司（GE），在这 129 年里，包括现任总裁杰夫·伊梅尔特在内的9位总裁几乎都是从通用公司内部培养起来的。不仅如此，GE还源源不断地为其他公司输送高级管理者。据统计，历史上GE已经为世界五百强培养了170多位CEO，成为一个培养领导人的摇篮。而这一切都应归功于GE完善的管理培养制度。

位于纽约的GE公司总部，有一间被誉为“美国企业界的哈佛”的克劳顿管理学院，这是GE公司内部的高级管理人员培训中心。自20世纪50年代建立以来，克劳顿管理学院逐渐形成了一套完善的管理培训体系，无论是基层员工还是高级经理人都会在那里接受所需的培训和教育。克劳顿管理学院每年消耗的费用高达10亿美元，培训5000～6000名来自GE全球业务部门的高级经理。学院50%的教师来自GE高层经管人员，其中包括GE前董事长兼CEO。不同的级别有不同的培训计划和安排，每一个级别的培训项目都像一个“包（PACKAGE）”，覆盖财务、人力资源、管理、企业价值观等课程。

这个庞大繁杂的培养体系对领导人的培训非常详细、周密。领导人的培训主要分为三个阶段：第一阶段是初级培训，学校会向工作5年左右的管理人员教授包括“财务管理培训”“技术领导项目”等课程，并同时为受训人员提供轮岗机会，帮助他们获取不同的工作经验。第二阶段是针对工作 5～15 年之久的重要团队管理人进行的。此时，这些管理者对整个公司的业务已有了广泛的参与，并且也有机会接触重要人物。因此这一阶段培训项目主要包括“新经理发展课程”“中级培训项目”“中级经理课程”，帮助经理们成为真正的管理者。在第三个阶段，高级管理者开始对工作负有全权责任，也有了广泛的个人关系网络，此时，GE 会向这些管理人员传授“高级经理发展课程”“商务管理课程”“高层管理人员发展课程”等。

对公司最高领导者的接班人，GE 不仅有详尽的培训发展计划，挑选程序更是异常严谨，包括详细的操作步骤。

首先，新的 CEO 上任后，第一天就要拟出一份有 100 位备选者的候选人名单。

接下来，CEO 要对 100 位候选人平时的业绩进行常年考核，按月向董事会报告。根据 CEO 的建议，由董事会研究确定候选人名单。

候选人一般分为三类：第一类是必然人选，包括总部的七大主管；第二类为热门人选，是指最高主管直接领导的关键人物，包括表现最突出的主管；第三类为有潜力的人选，其表现引人注目，很有发展潜力的人选。在过去上百年的发展历史中，每一次最后确定的 3 名人选往往不是一、二类人选，而是以第三类人选居多。

被确定下来的这些候选人中的年轻人往往先被送到基层，再从基层逐渐向上提拔，最后选到总部机关任职，做最后的候选人。

在数十年的选拔过程中，100 人名单会发生很大变化，但董事会并无硬性要求，随时根据需要补充或者调整。

GE 对初选接班人有详细的职务锻炼计划，公司会按照对接班人的要求，去考量、培养这些入选者，以弥补其阅历和能力的不足。GE 首先让他们担任那些与政府、工会、社区和合作公司经常有接触的职位；其次是安排到急需取得突破性成功的风险岗位上去磨练；然后是到企业经营中最可能赚钱的部门去任职锻炼。针对最重点的第三类候选人，公司还会制订针对他们具体情况的升迁调动计划。

在现任领导者退休前的 6 年，公司会加大考核的力度和速度，将候选人缩小到 24 名。这个过程会高度保密，即使是 24 名候选者本人也难以觉察。

董事们会以了解业务为由，随时到候选人的工作处了解情况，听取汇报或实地考察。通过了解候选人与员工的互动关系，看候选人的办事能力、决策能力和创造部门文化氛围的能力。董事们常常要到候选人下属的七八个部门(重点是三四个部门)做深入的调查。董事们还会通过私人活动，比如打高尔夫球或共进晚餐等。了解候选人的为人处事态度。考察人际互动的关系是 GE 公司选接班人的最大特色。

董事们在调查了解的基础上，会讨论接班人的优缺点，然后再召开董事会，董事会上由 CEO 发给每位董事一本候选人资料，包括候选人生活照片、工作经历、重要业绩、评估印象和 CEO 本人的意见，要求董事们审读和发表意见。董事会上，如果能够达成共识，认为候选人情况比较清楚的时候，会进一步缩小候选人范围，直到仅余 3 人为止。

此时，尽管董事们已对最终的人选有了初步意向，但 CEO 要特别强调必须多关注 3 人中可能落选的另外两人的优点，反复进行详细讨论，直到大家意见完全一致为止。

新的一任 CEO 上任后，要在原 CEO 直接带领下工作一段时间，另外还有两位副董事长辅佐其渡过“适应期”，直至完全步入正轨。长期担任通用电气公司顾问的诺埃尔.蒂希和《财富》杂志编辑斯特拉特福德 · 舍曼在《把握你自己的命运，否则将受别人操纵》一书中写道：

“信誉卓著的通用电气公司传到了韦尔奇的手中。这一管理权的交接过程使我们看到了通用电气这个老字号企业文化中的最优秀、最重要的方面。前任总裁雷金纳德·琼斯花了几年时间才把他从一组候选人中挑选出来。这些后选人同样足以胜任，他们后来几乎都当了大公司的总裁。琼斯坚信，必须经过长期的、深入而细致的过程来仔细考察每一个够资格的候选人，然后纯粹依靠理智来挑选出最佳人选。

在这一过程中，琼斯的第一步是于 1974 年拟定了一份文件，题为《总裁交接细则》。他与通用电气公司的经理管理部密切合作，花了两年时间把最初的 96 名候选人（全部为通用电气公司内部成员）减少到 12 人，接着又从中筛选出 6 名主要候选人，其中包括韦尔奇。为了考察这 6 名候选人，琼斯任命他们担任“部门经理”，直接向总裁办公室汇报工作。在随后的 3 年中，他让这些候选人完成各种各样的艰巨任务，找他们谈话，比较他们写的文章，对他们的工作进行评估，并根据这些逐渐缩小了范围。其中关键的一步是‘飞机上的谈话’，琼斯问每一位候选人：‘你和我现在都坐在公司的飞机上。假如飞机失事，你我都遇难了，那谁应该是通用电气公司的董事长呢？’琼斯这一招是从他的前任弗雷德·博尔奇那儿学来的。韦尔奇最终以很大的优势赢得了这场让人备受煎熬的耐力竞赛。而其他候选人后来分别当上了通用电话电子公司、清洁用具制造公司、阿波罗电子计算机有限公司以及美国无线电公司等公司的董事长或总经理。有趣的是，成为美国大公司总裁的人中，来自于通用电气公司的人比来自于其他任何公司的人都多。”

杰克·韦尔奇的继任者杰夫•伊梅尔特差不多也是这样选拔出来的。这种选拔，保证了GE百年来的持续发展。

第二节　接班人选择的模式

对家族企业来说，接班人选择模式无外乎以下三种：

（1）子承父业：以父传子的血缘关系传承。许多老字号企业的接班人都沿用这种传承模式。

（2）内部选拔：制定明确的接班人计划，按照计划在企业内部寻找并培养认同企业文化并按这一原则工作的接班人。

（3）外聘空降部队：当企业从所有权、经营权合二为一的家族企业逐渐发展为两权分离、结构清晰、管理规范的现代企业以后，从企业外部聘请有才干的进入公司接掌门户越来越常见，特别是在西方企业。

在中国，第一种模式具有普遍性甚至是不可取代的。“子承父业”有以下好处：

第一，家族成员拥有共同的家族梦想，对“家庭价值观”这一抽象的概念即使没有明确阐释，也有着根深蒂固的相互联系，且相互之间更加了解和信任，成为日后事业经营和发展的基础，这也是很多非家族成员经理们难以望其项背的。家族内部一荣俱荣、一损俱损。

第二，从家族内部选择接班人，家族企业中所有权和控制权集中在有血缘关系的家族成员身上，家族内部成员之间的相互忠诚度更高，用经济学上的观点来看，可谓代理成本最小化。内部接班人不会想着从企业身上得到什么好处，而是要想办法把它做强做久做大。

第三，从家族内部选择接班人更容易接续上一任的人脉关系，也就是与经营者同甘共苦的朋友和智囊团。意大利的很多企业是家族企业，他们在经营和管理中就表现出团结、灵活、高效的组织特征。

当家族确定了家族内部成员继承经营权的大政方针之

后，挑选接班人就成为主要内容。

达尔文在他的《进化论》里写道：“生存下来的物种既不是最强壮的，也不是最聪明的，而是对变化反应最迅速的。”同样的道理，能够做领袖的人，既不是最强壮的，也不是最聪明的。美国基金评级公司评选出的“历史上最传奇的基金经理人”彼得·林奇在他的一篇文章中曾经谈到，智商测试显示，最好的投资者的智商要比平均水平高10%，但比最高智商水平低3%。

在芝加哥商学院的课程中，教授会让全班同学每人从0～100 中任选一个数字，然后由教授进行汇总并取平均数，最后谁的数字最接近全班平均数的 1/2，谁就成为赢家并得到教授个人提供的奖励。一般来说，从 0～100 中随机选取若干个数，其平均值最接近 50，那么其 1/2 就是 25，因而一般人会选择 25。更聪明一点，再多想一步的学生就会想，如果每个人都选择 25，那么全班平均数就是 25，而其 1/2 是 12 或 13，所以，更聪明的学生会选择 12 或 13。再聪明一些的学生又想，到这里读书的都不是笨蛋，可能大多数人都想到了上面的逻辑选择 12 或 13，所以他认为选择 6 或 7 胜出的机会就会更大。还有最聪明的一个学生，按照这种逻辑推理下去，认为最终所有人都会选择 0，所以给出答案是 0。但结果揭晓以后，赢家并不是这个最聪明的学生，全班大部分同学都选择了 12 或 13，只有少数几个选择了 6 或 7。选择 6 或 7 的同学获胜。

英国阿尔斯特大学名誉教授理查德·林恩曾经因为他的智商研究成果引发不少争议。他在 130 个国家的智商测试数据基础上，得出结论认为，东亚人（包括中国人、日本人、朝鲜人等）拥有全世界最高的智商。但实际上，我们可以看到，现在世界上最伟大的企业领袖多在欧美。回顾我们周围的人，那些最有成就的人，很多都不是最聪明的或者智商最高的。

《世说新语·言语》中有一句名言，“小时了了，大未必佳。”也是说一个人年幼时聪明懂事，成年后却未必有成就。杭州天长小学的周武老师曾经对 150 多名学生做了跟踪调查，也发现了一个发人深思的“第十名现象”——前 3 名之外，第 10 名前后直至 20 名的学生，多在日后的学习和工作中表现出色，而前几名的学生却多淡出优秀行列。就象西方的奴隶社会过于发达难以进入封建社会，中国的封建王朝太过繁荣，从而使资本主义难以形成，早期计划经济特别发达的地区和企业在转型市场经济时期面临巨大困境一样，一个真正的天才往往会过于沉醉在理论的思考中，而难以在商业实践中走得更远。如果一个孩子少年天才，日后多会成为科学家、技术人员或者是艺术家、文学家，离家族的期许相差很远。而不够聪明的孩子，反而会在家庭和社会的培养下，逐渐增长见识，提高自我控制能力，学会投入和付出，养成对家庭和事业的责任感，再加上一点好运气，一样能够成长为伟大的企业接班人，一样能取得令人羡慕的成绩。

选择接班人，不是选择自己最喜欢的孩子，而要选择最适合的孩子。有的孩子或许不够漂亮、不够聪明、不够讨巧，但是只要是适合的，就有资格成长为接班人。如果我们有多个候选人，要从中选出一个继承家业，那聪明永远不是我们应该考虑的第一要素，甚至不是我们该去考虑的要素；如果我们只有一个孩子，这个孩子看起来不是那么聪明，甚至有些憨傻的时候，也绝不要低估他们的潜质，也许他们就是家族企业历史上最伟大的领袖。

IBM 第二代接班人小沃森是个很好的例子。IBM 创始人老沃森的儿子小沃森从小缺乏自信，甚至怀疑自己有先天缺陷。上学的时候，小沃森仗着富豪父亲庇护，调皮捣蛋无所顾忌，人称“可怕的汤米”。12 岁的时候买了一瓶黄鼠狼臭腺，在学校全体集合时，把臭腺瓶倒向教学楼的主通风管道，让整个楼层臭气熏天。他最后用了六年，换了三所学校才勉强读完高中。大学时期，又沉湎于酒吧、舞厅，也完全是依靠双亲向校长求情，才没有被开除，“不争气”的小沃森才能从布朗大学毕业。工作以后，他又把大部分的时间和精力花在追逐女人上面，风流韵事在公司内被传得沸沸扬扬。当小沃森听到父亲决定让他到 IBM 工作，还要让他最终掌管其这家公司的时候，巨大的压力甚至让小沃森急出了眼泪，哭着对父亲说：我干不了，我不能为 IBM 工作。

但就是这样一个孩子，最终继承父业，把 IBM 和整个世界带入了计算机时代。小沃森加入 IBM 以后，从推销员做起，逐渐成长为 IBM 第二号人物，1956 年，老沃森正式将权力移交给他。当时，IBM 在美国排名第 37 位，父子交接握手的镜头刊登在《纽约时报》上。小沃森升为主席兼董事长以后，IBM 在他的领导下飞速发展，实现了令人瞠目的长期增长，人们开始把 IBM 公司称作“蓝色巨人（Big Blue）”，“蓝色巨人”的壮大成为美国战后繁荣期的标志。一个并不出色的继承人，最后成长为一名伟大的企业家，因为他的父亲为他提供了最伟大的继承人培养方案。

第三节　家族企业领导者的特质

很多人、很多著作曾经对领导者特质进行过总结。IBM的杰出领袖郭士纳认为，CEO要具备四个条件：

（1）精力：超凡的个人精力、耐力，强烈的执行意识。

（2）组织领导能力：战略意识、带动和鼓舞其他人的能力、组织强有力的团队、最佳地发挥别人的潜能。

（3）市场领导能力：杰出的语言表达能力、出席和参与业内以及与客户间的CEO级别的活动。

（4）个人素质：善于倾听、聪明自信、有自知之明、决策果断、激情洋溢、坚决以客户为中心、做事迅速且有影响力。

管理大师彼得•德鲁克说，成功的领导者要具有以下七个特征：

（1）经常会问：我们现在该做什么。

（2）也经常会问：公司怎样做才是正确的。

（3）善于制定出行动方案。

（4）会对决策负责任。

（5）会将决策传达给公司各个层面。

（6）着重于解决问题，注重发现机会，而不是老盯着问题本身。

（7）开会非常有效率，遵守会议的时间控制，在会上作出决策而不是没完没了地讨论。

还有很多的企业家、政治家和管理学者都从不同角度概括了一个领袖应该是什么样的，应该有什么样的特质。我们将其归纳起来，大概有以下这些要素：

（1）商业兴趣。

（2）主导能力，沟通意识。

（3）直觉能力，冒险精神。

（4）判断能力，决策勇气。

（5）热情，大胆，富有勇气。

（6）勤奋，自信，意志坚定。

（7）对世界和人性的洞察能力。

（8）良好的自我控制能力。

（9）坚韧不拔，精力旺盛。

（10）勇于承担责任。

能不能带好一支队伍是评价一个领导者称职与否的关键标准之一。带好一支队伍的标准则是团队工作成效、效率和满意度。真正的领导者能影响别人，使别人追随自己，跟自己一起干劲十足。真正的领导者善于鼓舞周围的人协助他朝着他的理想、目标和成就迈进。领导才能研究专家费雷阶史密斯说："领导人物走在队伍前面，并且一直走在前面。他们用自己提出的标准来衡量自己，并且也乐意别人用这些标准来衡量他们。"有良好个人品质的可信赖的人，比缺乏这种品质的人更有可能成为领导人物。但单靠良好个人品质还不能成为领导人物，还必须与能积极与人沟通的能力结合起来。

《读者》上有过一篇介绍撒切尔夫人的父亲如何培养女儿的文章。20 世纪 30 年代，撒切尔夫人成长在一个教育非常严格的家庭里。她的父亲经常向她灌输一个观点：无论做什么事情都要力争一流，永远走在别人前头，而不能落后于人，更是从来不允许她说"我不能"或者"太难了"之类的话。这看起来似乎太不近人情，也太不讲道理，但后来正是因为从小受到的"残酷教育"，才培养了撒切尔夫人积极向上的决心和信心。上大学时，学校要求每个学生要用五年时间来学习拉丁文课程。她凭着自己顽强的毅力和拼搏精神，硬是在一年内全部学完了。在体育、音乐、演讲及学校的其他活动方面她也一直走在前列，是学生中的佼佼者之一。当年撒切尔夫人所在学校的校长评价说："她无疑是建校以来最优秀的学生，她总是雄心勃勃，每件事情都做得很出色。"正因为如此，四十多年后，英国乃至整个欧洲政坛上才出现了一颗耀眼的明星，连续四届当选为英国保守党领袖，并于 1979 年成为英国第一位女首相，雄踞政坛长达 11 年之久，被世界政坛誉为"铁娘子"。

第十章 接班人培养计划：接班人培养的五个台阶

这些年，企业家们都在有意识地培养子女。而所谓的培养，就是尽力为子女提供最好的教育。民营企业家子女，是海外留学教育的重要群体。随着中国经济增长，中国已经成为留学人员最大输出国。

但总体上，中国家族企业整体上缺少完整的接班人培养计划。家族企业接班人的培养和进入企业是个渐进的过程，一般而言有五个台阶需要跨越。

第一节　第一个台阶　早期培养

人的思维习惯和能力的形成，在不同阶段会受多种因素影响。90%以上可以归结于家庭和社会教育。

一般而言，家庭教育在个人成长中受到很大的影响，越早期，这种影响越大。家族企业接班人培养，要从“娃娃抓起”。

家族接班人的早期培养主要包括三个方面。

一、启蒙教育

家庭环境和家教是重要的启蒙教育内容，对孩子后天性格形成、世界观形成都有巨大影响。

在中国，或许受“君子言义，小人言利”儒家思想影响，家长总觉得孩子们的主要任务是学习，离金钱越远越好，至于理财能力，长大以后自然就无师自通了。还有一些家长自己幼年时期生活清苦，不愿让孩子再过苦日子，放纵子女花钱。

但我们看到犹太人不是这样。他们要培养孩子花钱需要自己去赚的意识。在犹太人家庭，孩子们没有免费的食物和照顾，任何东西都是有价格的，每个孩子都必须学会赚钱，才能获得自己需要的一切。孩子们从小在学校就被灌输着这样的理念。犹太财商教育非常重要的一点就是培养孩子们延后享受的理念，也就是说延期满足自己的欲望，以追求未来更大的回报。他们这样教育孩子：“如果你喜欢玩，就需要去赚取你的自由时间，这需要良好的教育和学业成绩。然后你可以找到很好的工作，赚取很多钱，你就可以玩儿更长的时间，玩儿更多的玩具。如果搞错了顺序，整个系统就不会正常运转，你就只能玩儿很短的时间，最后的结果是你拥有一些会坏掉的便宜玩具，没有快乐。”在学校，老师会问孩子们这样一个问题：当遭到异教徒的袭击，必须逃命的时候，你会带着什么逃走？对于这个问题，回答“钱”或“宝石”是不对的。因为，无论是钱还是宝石，一旦被夺走就会完全失去。正确的答案是“教育”。与财物不同，只要人活着，教育就不可能被别人夺走。老师会教育孩子们：“如果你想将来成为富翁，就学好眼前的东西，它们将来都会大有用处的……”

曾经在网上流传着这样一个故事：主人公是一个从中国上海回到以色列的单亲母亲，她带着三个孩子。最初，母亲一直秉承着中国国内“再苦不能苦孩子”的原则，按照合格的中国式妈妈做法：早上把孩子们送去学校读书，孩子上学的时候卖春卷为生；到了下午放学的时候，孩子到春卷摊，母亲停止营业，在小炉子上面给孩子们做馄饨下面条。结果有一天，当 3 个孩子围坐在小炉子旁边等母亲做饭的时候，邻居过来训斥孩子：“你已经是大孩子了，你应该学会去帮助你的母亲，而不是在这看着你母亲忙碌，自己就像废物一样。”然后，又训斥母亲：“不要把那种中国式教育带到以色列来，别以为生了孩子你就是母亲……”结果孩子们从帮助妈妈做春卷卖春卷开始，分别走上了各自的经商道路，摇身一变成了精明的犹太商人：老大从中国邮购便宜文具到学校进行售卖，老二在报纸上开设专栏专门介绍上海的风土人情，每周交两篇稿，赚取稿酬，老三是女孩子，学会了煮茶和做点心，每天晚上，精心煮一壶红茶，配上她自创口味的点心，由两个哥哥支付费用。三个孩子都过得很滋润。

2016 年 8 月，我们几位朋友相约携同家人去日本度假，这其中有步长制药董事长赵涛一家。赵涛家最小的孩子是一对双胞胎，刚刚满 7 岁的两个男孩。

上飞机之后，赵涛夫妇坐在了头等舱，而两个大点的姐姐带着两个 7 岁的弟弟在经济舱；在日本不免要逛商场。两个小孩在玩具商场，虽然也流连忘返，但对心怡的玩具并没有像一般孩子那样要买这个、买那个，而是商量这件东西需要多少钱。最终的结果是在日本十几天，两个孩子只买了几个动漫玩具而已。

赵涛告诉我：他们家对孩子有严格的规定，外出旅行（包括在外留学）往返飞机，孩子只能乘坐经济舱。他们从小就明确告诉孩子们，除了基本的生活费以外，额外花销需要靠自己付出获得的报酬来支付。例如，这两个 7 岁小男孩在家里洗袜子、扫地、浇花等，有一个专门的本子由保姆记录；而每项劳动都对应有相应的款项，这些累加起来就是孩子自己所赚取的钱，供自己额外花销支配。

赵涛笑着对我讲：花自己赚来的钱，他们就有了节制。拿买玩具来说：如果不这样，孩子会见什么就想买什么，别的小朋友有什么他们就要什么。但用了这种自己赚钱自己花的教育方式后，孩子买什么家里可以不管，但得自己付钱。所以，我们家孩子的玩具并不多。

赵涛家家教好，在圈子内是有名的。仅此一事可见一斑。这是家教，也是一种启蒙教育。

我很欣喜中国第一代企业家们有这种教育的方法。

二、国民教育

国民教育是人类文明进步中的一个重要组成部分，也是人类在智慧和知识传承方式最完整的形式。完整的国民教育，包括小学、中学（初中、高中）和大学教育这些阶段。

今天，对下一代的培养，完成基本国民教育是最基本的要求。在这个问题上，不应该有其他讨论和变通的方式。在完成教育上，有两种常见方式：第一种，在国内完成基本国民教育；第二种，高中、大学阶段把子女送到国外接受教育。

从我们调研的情况看，第二种方式是企业家们比较多的选择。

三、环境教育

"近朱者赤近墨者黑"，环境对人的成长有很大的影响。

有个著名的"孟母三择邻"的故事。孟子小的时候非常调皮，他们住在墓地旁边。孟子就和邻居的小孩一起学着大人跪拜、哭嚎的样子，玩起办理丧事的游戏。孟子的妈妈看到了，就皱起眉头："不行！我不能让我的孩子住在这里了！"孟子的妈妈就带着孟子搬到市集旁边去住。到了市集，孟子又和邻居的小孩，学起商人做生意的样子。一会儿鞠躬欢迎客人、一会儿招待客人、一会儿和客人讨价还价，表演得像极了！孟子的妈妈知道了，又皱皱眉头："这个地方也不适合我的孩子居住！"于是，他们又搬家了。这一次，他们搬到了学校附近。孟子开始变得守规矩、懂礼貌、喜欢读书。这个时候，孟子的妈妈很满意地点着头说："这才是我儿子应该住的地方呀！"于是就定居在那里了。

在中国各大城市中的所谓"学区房"的概念，也是缘于环境能给下一代带来改变的期望。

总之，启蒙、国民以及环境教育，是下一代成长中不可或缺的外在因素。

前面讲到，接班人是培养出来的。

有位企业家朋友，孩子整日迷恋电子游戏。为了让孩子成才，他把孩子送到美国。结果发现，孩子依然沉迷游戏，学业并无长进。他很苦恼地问我：老师，怎么办？救救我儿子！

实际上，人类最好的游戏是赚钱。我告诉他，拿出部分学费，给儿子开个户，让他炒股票。几个月后，这位企业家找到我，说儿子全赔了。我问他儿子什么态度，他答：还想让我给钱，继续“玩儿”。

我笑了，孩子对赚钱感兴趣了。下一步，要让他学习：为什么赔了，输在什么地方。对这些问题的探讨，会逐渐培养孩子对金融理财知识、对公司财务分析以及公司战略评价的兴趣。

第二节　第二个台阶　进入企业——责任与荣誉

完成基本国民教育之后，无论是直接进入企业还是采取其他方式，临岗训练都应是未来工作的第一步。

一般来讲，第二代有两种选择：第一，从事家族企业以外的职业；第二，进入家族企业或者进入与家族企业相关的行业。无论是直接进入企业还是采用其它方式，都应视为临岗训练。

一、家族企业接班人进入企业的主要途径与方法

家族企业接班人进入企业的方式有三种。

1．先外部历练，积累经验

在子女完成国民教育（一般是大学本科或者研究生）后，先到家族外企业进行一段时间的锻炼。

在日本的三菱集团、伊藤忠商事，丸红商事和住友商社等大型公司中，我们可以看到很多大家族的后代在从事基础工作。这些年轻人的目的很明确，就是积累经验和见识。

香港首任特首董建华先生 1960 年毕业于英国利物浦大学，获海事工程学士学位。随后，他按照父亲（曾被誉为“船王”的董浩云先生）的授意，去美国“打工”。他先到美国通用汽车公司，从基层普通职员做起，一干就是四年；然后又到一家物流公司工作，又是三年；后又选择了一家金融公司工作。在美国工作近十年后，才回到中国香港进入家族企业。

这种先在家族企业外历练的方式，可以帮助二代接班人学习别人先进管理经验，适合尚处于成长期的家族企业。二代接班人接管这一时期的企业后，一个非常重要的任务就是进一步规范和改进内部管理，因此学习其他大型现代企业的先进经验显得尤为重要。

柳传志培养子女也采用这种方式。女儿柳青从北大毕业后到美国哈佛商学院求学。毕业后先到高盛香港工作，从最底层员工做起，做到高盛亚太董事总经理。后又到滴滴公司担任总裁。

在家族企业，经过这种历练后，再进入企业的后代可直接安排企业高层工作。

2. 自行创业，积累经验

从近年国内企业实践看，还有些企业家愿意拿出一笔钱，鼓励子女创业，让后代自己摸索商业理念。典型的有李嘉诚次子李泽楷、吉林万通集团第二代女总裁潘巍。

据我们调查统计，具有大学以上学历的企业家更愿意让子女先自行创业。而第二代中，有国外留学经历的，也更愿意自己创业。

当然，家族企业第二代创业，比起上一代创业来说，有许多得天独厚的条件。这表现为资金、环境、客户、市场、人脉等。

万达老板王健林儿子王思聪从国外回来后，不愿进入万达工作，想做投资。王健林拿出 5 亿让他“练手”。结果，5 年时间，5 亿变为 40 亿。

其实，这里面最重要的还是王健林靠人脉，帮助王思聪搭建起顶级投资团队，并找到了最好的投资项目，这是一般投资者不具备的。

这种途径，能够更好更快地锻炼接班人的独立意识和领袖能力，对于独立、个性鲜明、创造力强的接班人来说有更多的机会施展自己的才华。

这种方式，也可以为家族企业开拓另一个事业版图。新希望集团掌门人刘永好的女儿刘畅就是毕业后自己创业几年，然后再回公司接班的。

当然，还有另一种，如方太集团。20 世纪 90 年代，茅理翔靠生产电子打火枪起家。那时，正赶上中国城镇化起步阶段，居民从烧柴做饭改用液化气。在这个进程中，他的电子打火枪在市场上异军突起，赚得第一桶金。

此时，茅理翔的儿子茅忠群从上海复旦大学研究生毕业。在进不进企业接班、如何接班问题上，两代人进行了博弈，最终达成的结果是：父亲出钱，由儿子自组团队进行企业产品转型升级：做厨具。实际上，电子打火枪当时几乎没有市场了。但幸运的是，他们大胆起用新人，将产品转型取得巨大成功。

3. 安排子女毕业后进入家族企业锻炼、成长

华人企业家李嘉诚长子李泽钜毕业以后直接进入长江实业集团，先后参与和主持加拿大世界博览会旧址发展项目、长江实业集团分拆旗下长江基建上市等重要项目，经过 10 年的锻炼后正式接管长江实业集团总经理一职。香港的财政司司长唐英年 1975 年从耶鲁大学毕业以后也是直接回到香港帮助父亲打理家族生意，从最基层做起，一步一步走上领导岗位。

这种途径可以帮助接班人了解家族企业内外情况，随时为接班做好准备。相比于前两者，更适合具有一定规模和实力，管理规范基本到位的大中型家族企业。面对这样的大中型企业，接班人也许要更多的时间认识它，寻找新的发展方向。

二、家族企业接班人进入企业后如何培养？

家族企业接班人进入企业后，最重要的是培养和历练。

很多跨国公司实行“管理培训生”计划，本质上也是

培养企业领导接班人，他们的做法包括轮岗、导师制，有计划地锻炼和考察等。这些方式对于家族企业培养接班人同样有借鉴意义。

接班人进入企业后的锻炼要安排好节奏。一般而言进入企业后采取小步快跑的形式，完成以下历练：项目管理→财务学习→人事学习→总经理助理→业务部门负责人→副总经理→总经理→董事长。

有些观点认为，这个过程的关键在于时间安排，要让接班人清楚地知道他们将在每一个岗位上持续多长时间。但在我们看来，更重要的是事件，应该以接班人在每一个岗位上做出什么样的业绩为里程碑事件，判断是否应该将他们轮换到下一个岗位了。对不同的企业来说，要根据不同的实际情况设定不同的里程碑，这种做法具有一定的模糊性，需要有经验的人力资源管理部门进行科学的设定，并且需要按照接班人实践的具体情况调整。

以澳门特别行政区首任行政长官何厚铧为例，何厚铧是澳门大丰银行的五公子，13 岁到加拿大读书，研究生期间，父亲何贤突然重病缠身，何厚铧不得不回到澳门担任公司总经理。由于父亲重病，市场谣传大丰银行即将倒闭，储户们疯狂排队提款，大丰银行面临倒闭危险。此时，何厚铧一面大气而从容地接待取款者，即使是未到期的定期存款亦照付，同时延长营业时间，让已进入银行的人全部取款后才休息，令储户信心增加，前往大丰银行提款的人逐渐减少；另一方面向中国银行澳门分行求救，得到中国银行澳门分行对大丰银行的拆借资金帮助；同时又在新闻媒体发出了何贤身体健康的头版消息。一个危机变成了何厚铧在商界站稳脚跟的里程碑，父亲何贤何以不给他更大的信任和权力。

在这个阶段，接班人应该被安排重要岗位，尽可能多地接触所有关键信息，并逐渐承担重要职责，在尽可能短的时间内能够独立工作。吉林万通集团的第二代女总裁潘巍加入万通集团以后，从市场部专员做起。李泽钜进入长江实业集团，从房地产项目做起。米其林集团第四代继承人爱德华•米其林，从法国里尔高等工艺制造学校毕业后，加入了法国海军。退伍后，隐姓埋名进入父亲的工厂，以学徒工身份到米其林研究中心工作。1993—1994 年间，时任米其林北美总裁的卡洛斯•戈恩把他安排到货车轮胎部门担任主管，负责北美货车轮胎的销售和售后服务。

在接班人基本了解核心业务部门的情况以后，以项目管理的方式独立承担事务，能够帮助他们进一步深入了解和掌握核心业务部门的运行规则和关键控制点。有的时候，还可以安排企业有意新进的领域，由接班人负责全新项目，去探索自己的能力。企业要根据当时项目的规模和难度，在接班人完成适当任务后，才能结束业务部门的基础培训。方太集团的父子交接班现已成为国内家族企业接班的典型案例，几乎谈继承就必谈方太。1995 年茅理翔和儿子茅忠群共同创立方太厨具有限公司，本质上也是茅理翔亲自协助儿子进行项目管理的一个例子。

随后，让接班人陆续进入财务和人事系统，全面了解企业的财务情况和人事管理情况，为他们对企业形成全面的认识和未来全面接手奠定基础。财务和人事系统是一个企业内部管理中最核心的管理部门，对人员和财务状况的全面了解和充分把握将是未来企业家掌控整个企业内部管理的关键。这对于目前中国本土的绝大多数企业来说特别适用，因为大多数企业都不是管理规范、人才济济的世界级公司，接班人通过这两个过程的学习、观察、分析和判断，不断发现问题，酝酿新的变革规划，才能在接班以后实现更科学的管理。

下一步，接班人就要承担更大的责任了。父母安排子女到自己身边共同工作，以“总经理助理”或类似身份，帮助接班人从全局角度观察和了解企业，同时两代人之间充分地进行沟通，共同研究企业发展。

待接班人逐渐成熟，摸清企业的总体情况后，应该给他们提供更多的实践机会，并且要求接班人必须创造更多的工作业绩。可以委派接班人进入核心业务部门，全面独立负责核心部门的业务发展和团队建设。这一时期，接班人将在实践中逐渐形成自己的领导风格和管理方式，在独立作业中提高自己的积极性和创造力，接班人也会逐渐发现未来能够协助自己的关键人才，并在业务管理中初步形成属于自己的商业交际圈。这是接班人从稚嫩走向成熟，从依赖走向独立的关键时期。

需要注意的是，作为父母的企业家们应给予接班人足够的空间和适度的督导。前者是为了防止接班人受到过多的干涉，不能充分发挥个人的特点和才智，而后者则要防止依然稚嫩的接班人在盲目冒进中将企业毁于一旦的可能。

最后一步，企业家就要放权让利，把总经理或者首席执行官的全面管理岗位转移给下一代了，而自己担任董事长，通过董事会来监督指导接班人的经营管理行为。

还有许许多多的关键部门，比如生产、采购、渠道，对不同的企业可能都会起着极其重要的作用。接班人有机会去学习和锻炼，都会成为未来的宝贵财富。而对于交接班时间相对有限的家族企业来说，是否进入这个部门工作并不重要，让接班人了解这些关键部门的运作模式和关键控制点才是最重要的。

三、配备老臣辅佐

步入企业的接班人，需要配备专门的导师，也就是继承人身边始终有一个像教练一样的长者辅导他，这样成功率就会比较高。

接班人进入企业学习和培养的过程，短则三五年，长则十几年，甚至数十年。期间，企业家可以直接给予指导、点拨，但不可能全程陪伴。管理学有一个假设，认为没有亲缘关系的导师和学生之间能够更有效地理解对方和尊重对方的需要；而亲子关系则存在着一些教育障碍，甚至很可能会对亲子关系产生危害。这时候，安排信赖、得力的高级干部担任其成长中的导师就成为企业家必须考虑的内容。

李嘉诚当年为李泽钜安排的导师是长江实业集团的二把手——毕业于剑桥大学经济系，既有知识又有经验的董事局副主席麦里思。IBM 公司的汤姆•沃森进入父亲企业工作以后，老沃森为他安排的导师是资深管理人员查理•柯克。有一段时间，小沃森连续几个月待在柯克身边，了解问题，学习如何决策。查尔斯王子接受教育，并在海军服役完回到宫廷之后，为了让他对国务有所了解，伊丽莎白二世给儿子指定的是一个私人顾问团，帮助他学习和接触国家事务。顺治传位给康熙的时候，也为他设了四个辅政大臣。

导师们应当对他们在企业中现有的地位有足够的安全感，并且不会视接班人为竞争对手。因此，从经验来看，最好的选择是那些做出过重要贡献，并且有着良好晋升机会的人，而非已经处于职业生涯顶峰的人。有的时候，建立一个导师团队也是很好的选择。不同导师具有不同的强项和方法特征，从不同人身上学习不同的优点。

总的来说，接班人有三种主要学习模式。

（1）基层做起。通过这种方式，接班人可以掌握企业运作的基本规律，发现企业各个阶层中存在的问题，特别是在高层中鲜为人知的问题，了解企业的员工，挖掘有潜力人才。

（2）跟随高管。通过这种方式，接班人跟随高管出席各种会议和活动，拜访客户，耳濡目染地学习商业谈判，掌握商务礼仪，学习决策与部署，获取商业信息，发现商业机会，结识客户，拓展人际关系。

（3）独立实践。通过这种方式，接班人可以逐渐形成自己的管理方法和领袖风格，做出业绩，建立权威，夯实未来掌管企业的基础。

第三节　第三个台阶　新团队形成——是组织而不仅仅是个人

“一个篱笆三个桩，一个好汉三个帮”。接班人能否成功接班，极为重要的因素之一是没有形成新的核心团队。

一、新的核心团队的形成需要一个过程

新团队是未来接管企业的核心团队，这主要包括以下两个层次：

（1）决策层面：包括董事会成员、副总裁和总经理。

（2）执行层面：“少帅”的重要助手，是直接带领团队的人。

接班人未来的使命是接管企业，成为企业真正的领导者。因此，接班人具有主见和掌控能力非常重要。而主见

和掌控能力源于一次次独立的决策。如果接班人不能充分自主，个人的想法和见解始终得不到肯定和实践，要么会极大地挫伤他的积极性，要么会变得依赖，失去独立成长的能力。因此，现任领导者要给接班人独立成长的机会，让他自己判断，选择自己的团队，包括给他犯错误的机会。只有在成功的经验和失败的反思中，一个独立的未来领袖才能成长起来。

另一方面，团队的形成过程是对接班人识人、辨人、用人能力的充分锻炼和考验。团队建立以后，如何激发团队的热情和积极性，如何领导团队达成共识向一致的方向前进，如何帮助团队共同成长，也是接班人面临的新课题。设计明确的团队目标、划分清楚的团队任务、给予及时的指导和支持、保证应有的信息对称、进行适当的精神鼓励和物质激励，是接班人学习领导团队的关键。

二、新团队主要人员组成

新团队主要人员主要由三类人组成。

第一类，接班人在历年的锻炼中发掘出来的。接班人从基层做起，会接触到广大的中低层员工，这些员工中间常常会有“初生牛犊”“小荷才露尖尖角”或者“怀才不遇”

的能人，他们或者因为历练太少，或者因为做人过于低调不曾受到上级注意，或者虽然能力突出但和上级观点意见相左，故而未能得到提升。接班人在基层磨练的过程中，能够慧眼识人发现这样的员工，并在以后的工作中给其机会加以磨练，成为接班人新团队的重要成员。

第二类，在多年工作中，逐渐磨合建立默契的“老臣子”。李泽钜在长江实业集团锻炼之时，开始逐渐接触土地发展项目，其导师是长江实业集团“第 3 号人物”——掌管土地发展的周年茂，但由于李泽钜是“学院派”，很多做派方法都和周年茂这个稳重木讷的“经验派”走不到一起，反而是同为“学院派”的周年茂的助手吴佳庆更得李泽钜的赏识，哈佛大学硕士毕业的吴佳庆很快成为李泽钜的左右手。最终由吴佳庆接手周年茂的工作。

第三类，引入职业经理人。随着企业的发展和成长，引入专业的职业经理人未来将成为一种必然的选择和发展趋势。这部分内容，我们会在其他章节详细介绍。

事实上，接班人在正式接班成为新的领导人之前不可能全面形成自己的高管团队，企业现有的领导人不能容忍，企业现状也无法容纳两个高管团队的存在。因此，高管团队的形成是一个物色和初步分辨的过程，要走到正式交接班的最后一步才能够正式确立，在此之前，如果分寸妥当，当然能够帮助权力顺利移交，一旦发生紧急交接班，权力转移也不会遇到太大变数。但如果进行不顺利，很可能把正常的家族企业交接班转变成家族内部的矛盾斗争，甚至引发家庭悲剧。

“少帅”一步一步成长，会发现企业一些痼疾。这些痼疾由于第一代企业家常常有心无力或者有心无为，予以姑息，日久积累而变成影响企业成长的瓶颈。这时候，“少帅”往往选择改革，并伴随着利益格局的变化。“少帅”的成长也必然伴随着“少帅团队”的成长，这样，正常企业内部变革和新团队建立很可能会在激化的矛盾中引发出企业内部的权力斗争和派别较量。这个时候，现任领导者的态度至关重要。

当年轻人进入企业后，要给他们决策的空间，至少要让他们有试错的机会和空间。如同幼儿学习走路，一定要让他们有机会，在襁褓中是学不会走路的。

第四节　第四个台阶　权力移交——完成新老交替

随着中国“创一代”们逐渐老去，越来越多的家族企业开始面临接班问题。中国的独生子女政策、创业者们对儿女的无暇顾及、过于快速的财富积累以及传统文化对血缘的强调，都为家族企业的顺利传承增加了难度。

企业传承成功的一个重要标志是：老一代退出舞台，新一代成为主角，也就是完成新老交替。

一、老一代不愿退出是人性也是文化问题

我国历史上最繁荣的王朝之一——唐朝的开国帝王李渊打败腐朽的隋王朝进入长安，并逐渐建立了唐王朝的中央政权，实现国家的统一和安定。但天下平定后，李渊在立太子、传储君的问题上没能处理妥当，结果导致了一场兄弟残杀、亲人互戗的历史惨剧——玄武门之变。次子李世民因从小随父征战，军功显赫，并执掌国家兵权。太子李建成为了能够顺利接班，向李渊建议，由三子李元吉担任统帅出征突厥，以借机砍掉李世民的兵权，方便日后除掉李世民。结果，危急时刻，李世民先发制人，杀掉了兄弟李建成与李元吉，并逼迫李渊退位，自己接管大唐江山。

历史上的王朝，实际上也是一种特殊形式的家族企业，他们出现过的问题在当代家族企业中同样普遍存在。历史上，汉武大帝杀太子是这个问题；康熙皇帝几废几立太子也是这个问题；李世民制造玄武门之变逼宫李渊还是这个

问题。

由于上一代领导人不愿退出，下一代急于掌权，因此组织中就会发生“两个领导团队”的碰撞。在欧美企业传承中同样会出现类似问题。IBM 的两位领导者老沃森和小沃森都是 20 世纪最伟大的企业家之一，老沃森为培养儿子也付出了很多的努力和心血，但最后小沃森为了理想却竭尽全力逼父亲退位，1956 年他从父亲手中接掌首席执行官职务。

老一代不愿退出，是人性问题。

美国 NBC 电视台午夜谈话节目 The Tonight Show 的主持人大卫·来特曼也曾是苦候多年的继承者，他总结了老一代不愿退出舞台的十大借口。

（1）我认识的很多人退休之后很快就死去了。

（2）没有我，企业毫无价值。

（3）没有企业，我毫无价值。

（4）我不喜欢养花种草，而高尔夫球或者网球玩儿太久了，皮肤会被晒伤。

（5）我需要有地方去。

（6）孩子们想要改变企业的经营方式。

（7）我的几个孩子都很能干，我不想只选一个继承企业。

（8）企业是我的主要收入来源，我必须留下来保护我的收入。

（9）没有人能像我一样管理好企业。

（10）没有人能把企业管理得比我还好。

权力使人年轻，权力予人力量，权力令人深感自己存在的重要，权力使人充满自信。所以，绝大多数的人，不会主动甘愿退出历史舞台，甚至不断以“老骥伏枥，志在千里”自我安慰。

管理学家杰弗里•索南菲尔德（Jeffrey Sonnenfeld）和P.L.斯彭斯（Spence）研究分析，面临离退的领袖们有以下四种表现：

（1）君主式。喜欢终身统治，带着王冠逝世，他们拒绝谈论让位和继任计划。

（2）将军式。不情愿离开，但仍然会自我约束退休。随时等待下一代犯了错误，他们重掌大权。

（3）大师式。退休，但坚持代表公司的外交和象征性职责，热衷于慈善事业和公共事业。

（4）总督式。规定好离开日期，宣布后按照预定计划离任。

我们认为，一个人的性格决定他的管理风格，也决定他的离退风格。中国当代家族企业领导者主要有以下三种情况：

（1）全能型。这类领袖个人能力全面、突出，多出现在第一代单打独斗成功的企业家中间。在他们的创业历史上，他们的个人能力全面统治了整个企业，不仅是公司的董事长、总经理，甚至可能是真正意义上的部门经理。这类领袖习惯了全能管理，容易不信任他人，觉得企业少了自己，心里总是有点不踏实不放心。

（2）控制型。他们和全能型领袖一样，同样是企业的命脉，得到广泛的崇拜和拥护。这类领袖个人意志坚决，主导能力极强，天生具有权威，在管理中常常会表现出专制和权力欲望强盛的特征。一旦让他们离开企业，回归正常的平凡生活，他们就会变得迷茫，甚至不知所措，有失去生活重心的感觉，整个人很快衰老。这类领袖习惯了控制，失去可以控制的企业，就像失去了生命。

（3）民主型。和前两种领袖不同，这类领袖更加民主，喜欢放权、分立，善于倾听、分享，多出现在共同创业的领袖中。他们大多坚韧但温和，创业过程中没有经历过太残酷的挫折，或者产业是继承而来，“狼文化”特征不显著。这些领袖面临接班之时，尽管也会感到矛盾，但多能自我控制，主动离去，找到新的生活和乐趣。

梅里埃是个法国家族企业，控制着年销售额达 16 亿美元的生物技术公司，在国际微生物诊断、疫苗和视频安全检测领域备受尊重。就在这个经营超过 100 年的梅里埃家族内部，一直提倡让接班人尽早担任重要管理工作。查尔斯•梅里埃博士是家族的第二代接班人，年仅 30 岁时，就接管了其父马赛尔•梅里埃博士创立的梅里埃研究所，并成功地将工业实践引入公共卫生部门，倡导针对发展中国家，特别是非洲的援助行动。第三代领导人阿兰•梅里埃在接管梅里埃研究所时比他的父亲当年还要年轻一岁。而现在，梅里埃家族的第四代领导人，阿兰的孙子克里斯托夫已逐渐走上公司舞台。在查尔斯•梅里埃的自传中，他说：“我已年届花甲之年，阿兰 29 岁……虽不知未来等待着我的是什么，但我认为从眼下起就实现交班应是明智之举。特别是承担这样一个企业的领导，不是闹着玩的儿戏，越早蹬鞍上马，就能越早独立主事。”正是在这样一种理念的支持下，梅里埃家族的孩子们都早早接管了家族企业。

当两代领导人发生意见分歧时，往往使企业陷入决策缓慢、不知所措的境地。而在梅里埃家族，子承父业早上路的同时，他们的另一个传统是给接班人以充分的信任和足够的决策空间。查尔斯•梅里埃说："阿兰主理得相当出色，但我感觉到他常因我的干涉而不快，就像我还占着太多位置一样。""我感到，我不完全退下，将使我儿子不便……既然担任'梅院'董事长之职，承担所有责任，他（阿兰）就应以他的方式方法来处理事务，而不是一定与我的方法完全一致。有时我们的意见相左，这是正常现象。然而在心里，当我琢磨他的行为时，我常发现他的方向与我一致，只是路线有所不同而已。"

遗憾的是，只有少数企业家才有像梅里埃家族那样充满理性和智慧。多数的全能型领导者会选择无视或者拖延，结果是一旦有明确的继承人，就会挫伤继承人的信心和热情，甚至可能引发其他人对继承权的觊觎，引起企业内的争斗。

规划明确的接班时间表是个不错的想法，这也是家族企业从传统的非程序更替走向程序更替的重要标志。当接班人培养到初具锥形之后，企业家该确定一个明确的移交时间表了。3 年、5 年还是 8 年，明确地告知接班人，管理团队、企业员工，甚至客户和市场，都会帮助相关各方在正式移交前做好心理和物质方面的准备。一旦时间到了，随即宣布离任，不仅将名义管理权交给继承者，更要全面将家族企业的实际管理权移交给继承者，从此不再插手。

二、新一代进入

作为一个处于相对较低发展水平的家族企业领袖，家族管理权、企业管理权和企业所有权往往三权合一。目前我国的家企业几乎都处于这样的水平。因此，当上一代正式向下一代移交权力的时候，面临着一个非常重要但又极易混杂的问题：全部移交还是部分移交？谁先谁后？

我们认为，家族企业管理者的权力移交应遵循这样一个顺序：企业管理权→企业所有权→家族管理权。

企业管理权应尽早交给接班人，企业的管理是接班人未来管理职责中的最主要部分，也是接班人需要得到培养和锻炼才能驾驭的。企业管理权和所有权交织在一起，最容易发生问题。但企业管理权的移交比企业所有权和家族管理权的移交相对简单和容易，基本由企业家决定即可。

其次是企业所有权的转移。在现代独生子女占比较多的年代，这个问题的重要性逐渐下降，但仍然有多子女继承型和兄弟姐妹共同创业型的家庭面临着所有权如何分割和移交的问题。

我们认为，家族的管理权放在最后进行即可。离退后的企业家如果能够管理家族事务，家族事务会开展的更加高效，也可以解决部分企业家离退后“干什么”的问题。

三、新一代掌舵

两代人作为两个不同的个体，虽然会有遗传基因的相似之处，但还是会很多的不同，因此需要各自的团队去弥补各自的不足。父辈们不应该用自己的喜好武断地评论这个团队是否妥当，关键在于它能否和接班人组成一支有力高效的商业管理团队。

在这个过程中，沟通极为重要。世界上绝大多数的矛盾和误解源于沟通不畅。中国人内敛、含蓄，从古代，讲的就是父令子从，不讲沟通，所以两代人之间习惯各做各事，各猜各的心思。特别是父子之间，在传统意识的作用下，既不解释，又不沟通，也不请教，不把不同的观点疏导解决好，最终就会集中爆发，导致亲子关系和继承关系危机。

所以在培养子女的过程中，下一代要特别注意随时表达自己的见解，大的决策前注意征求意见，说明理由，听取长辈建议，这既是中华民族的传统美德，也是“知识”向“经验”学习的过程。上一代也要特别注意，认真及时反馈意见，同有同的理由，异有异的说法，就事论事，不伤感情。我有一个朋友，家里经营着数家纺织企业，规模日渐庞大，但利润有逐渐下滑的势头。几年前，一个商业地产开发机会摆在他们面前。年轻的儿子认为市场较大，利润丰厚，值得进入尝试；父亲则觉得缺乏经验，风险过大，双发意见冲突较大。后来经过几次非正式的沟通，一致决定请专业机构进行可行性分析。

实际上，我们看来，规模较小、管理架构比较简单的家族企业，要进行小规模投资，或者需要做不影响企业存亡的决策时，双方需要建立一种共识，即哪一种决策以谁的思路为主。如果企业已经发展成为中大型规模，要进行大规模的投资，风险涉及企业未来的命运，那么双方是否意见完全一致，都不再重要，企业必须通过专业人士的分析和判断，最后经公司董事会或者主要高管成员共同分析判断之后，再进行决策，以保证决策的可行性和正确性。

四、老一代退出，退出后干什么？

第一代企业家在他多年的商场征战中形成属于自己的团队，多数优势突出、经验丰富、忠心耿耿，和企业家配合默契，但到了第二代，很多都不得不在代际传承中逐渐退出或者淡出舞台。有点可惜，也有点遗憾，但是，不得不这样做。对于不同的领导人，他们会有不同的经营思路，不同的处事风格，不同的为人特点，不同的喜怒哀乐，如果“老臣子”能够看到这种变化，并愿意随着这种变化做适当的自我调整，逐渐融入新的团队，是皆大欢喜的局面；相反，如果“老臣子”不愿或不能改变，无法在新团队的建立过程中融入其中，将只能退出。

在美国，无论是杜邦公司还是美国通用公司，一旦新的企业领袖选出，其他高级候选人都要离开公司。这一点在目前中国的企业中尚未受到重视。跨国公司选择 CEO 非常慎重，往往会用很长的时间对多名候选人进行一轮又一轮的考察和考验。到最后关口的几名候选人，如果全部是从内部选拔，那么一旦选定了最终人选，其余几位就会离开企业。尽管他们都是非常杰出的领袖，但是正所谓“一山不容二虎”，留下对“上位宝座”充满觊觎的人，留下难以完全信服企业领袖的人，就是留下未来的隐患。

退出后的老一代企业家干什么？很简单：做自己想做的事情，参与公益活动。索罗斯基金管理公司的乔治•索罗斯把职位留给儿子以后，着手写书，并领导慈善基金会。丹麦马士基 90 岁的穆勒先生辞去董事长职务以后，全面掌控其家族的基金。香港长江实业兼和记黄埔主席李嘉诚作为第一位荣获福布斯终身成就奖的企业家，退休后全心全意做旗下慈善基金会的工作，把基金会做好。大卫•洛克菲勒从大通曼哈顿银行退休后，转向洛克菲勒基金会，并且和纽约现代艺术博物馆、哈佛大学、洛克菲勒大学等共同举办了不少公益活动。

在下一代接班，上一代离退前，提前做好心理准备和具体计划，会帮助上一代退出的更潇洒。新一代需要尊重退出的老一代。在这点上，中国年轻一代企业家应该学习方太集团董事长茅忠群，学习做一个创业企业家的儿子。

第五节　第五个台阶　形成新的核心——有组织核心才有组织成长

先有伟人，后有伟业。杰克•韦尔奇有一句广为流传的名言："在你成为领导之前，成功只同自己的成长有关；当你成为领导之后，成功都同别人的成长有关。"当第二代从接班人角色转为新的领导人时，他们的身份、责任和权力再次发生质的变化。新的领导人或许还沉浸在初接班的喜悦、难以置信、忐忑不安或者雄心勃勃中，但他们必须随之清醒地意识到他们的使命将是多么伟大而又艰难。新的使命要求新的领导者必须快速完成个人的定位，并在企业内部建立权威，赢得认同。

这不仅需要有一个组织，而且这个组织需要一个核心。没有核心的组织是一盘散沙；没有核心的组织是没有竞争力的，这个市场不可能给他成长和成果的机会。接班人步入企业、形成团队后，最终要掌控这个组织还需要能够真正成为这个企业的核心。

其实，核心形成的过程，也是权威建立的过程。统领一个组织，得到权力固然重要，但更重要的是在运用权力中获得权威。对于第二代成员来说，要从父辈们建功立业的身影中走出，建立起属于自己的领导权威，是保证组织可持续发展的重要一环。

新核心的形成，对企业组织来讲，掌门人应该学会运用董事会、经理办公会和员工代表会，这在企业正常运转中不可或缺的“三会”。通过这三个会，解决企业发展中的战略规划、日常运营和组织变革等问题。

总之，有组织核心才有组织成长。

第十一章

公众公司时代

家族企业如果真正成为一家百年企业，一个对社会、对人类发展有所贡献的公司，最终都会成为公众公司。我们看今天，通用电气、福特汽车、波音、路透社、丰田、三菱重工以及 IBM 这些耳熟能详的伟大公司，都是公共公司。这些公司没有绝对控股大股东，发起家族所占股份极低（低于 1%），甚至已经没有了股份。

第一节　家族企业发展进化规律

世界上中小企业发展进化，可以概括为以下三种模式：

模式一，保持家族企业的高度封闭性，始终做效率最高的家族企业。这样的家族企业，一般由家庭成员完全掌控，内部继承人有成熟的培养机制，股权的继承有清晰的继承逻辑，家族本身的治理结构非常成熟，家族文化独特、鲜明、强硬，家族企业历经多代而不倒。最典型的例子就是罗斯柴尔德家族。

模式二，家族企业逐步开放，但家族仍然保持对家族企业的掌控和管理。这样的家族企业中，家族成员仍然主导或部分承担企业管理，内部继承人有培养机制，也有开放自主的选择机制，股权的继承有多元化的设计和管理机制，家族本身的治理结构是成熟的，家族文化是开放、多元、自由的，家族企业会随着时代的变化发生变迁。绝大多数的家族企业都属于此类。

模式三，家族企业走向社会化、公众化，大多数最终成为公开上市的公众公司。在这样的家族企业中，家族成员是否参与企业经营已经不再重要，即使参与也已经不再是企业的掌控者，不具有强势的掌控力，家族不强调内部继承人培养，更重视企业自身的长远发展，家族文化是开放的、多元的。相当一部分家族企业最终成功的成为公众公司，股权历经多次变更，早已与家族不再有联系。

站在历史的、世界的角度，这三种模式无须评价孰优孰劣，他们各有利弊，各有特色，只取决于家族的风格和能力。当然，第一种模式最能体现家族强大的文化内涵和凝聚力，它的品牌价值、带给家族的持久的影响力不可估量，罗斯柴尔德家族已经受益于此。第三种模式则更具广泛性，企业虽然最终脱离了家族，但它的社会价值永续，家族文化的包容性与开放性，赋予了家族更多的可能性。无论是卡耐基家族、还是摩根家族，这些美国早期大型家族最终走向了这种模式。第二种模式则居中，处在正态分布曲线的中间段，数量最多、范围最广，适合多数家族的情况。

对于中国的家族企业而言，这三种模式如何权衡，同样取决于领导者的风格和能力，而最终决定我们实现了哪种模式的，取决于领导者的能力。

最终，绝大多数家族企业一定会走向社会化、公众化，大多数最终成为公开上市的公众公司。这既是进步也是必然，否则企业将无法生存。这有以下三个原因：

（1）发达国家递进的遗产税政策。一般而言，遗产税占继承额的 55%～80%。美国、英国、日本以及中国台湾地区的遗产税率均如此。理论上，两代之后，还富于社会。

（2）家族企业发展一代之后，受产品、市场以及人才等制约，需要大量引进人才、更新产品、开拓新市场。家族本身已经难以提供这些保障了，需要新人、新技术。

（3）家族后代人群中已近没有既对企业感兴趣又有能力掌控企业的人才。

公众公司时代，也是纯粹的职业经理人时代。家族企业发展，最终一定是职业经理人时代。

第二节　职业化社会的抉择——内部培养和提拔

既然企业发展有规律，在人才选拔上就应该有战略思维。如何选拔人才是企业发展战略的重中之重，这在企业各个阶段都如此。

宝洁公司（P&G）始创于1837年，是世界最大的日用消费品公司之一，在《财富》杂志最新评选出的全球500家大型企业中，宝洁排名81位。宝洁公司全球共有雇员近14万人，在全球80多个国家设有工厂及分公司，产品行销160多个国家和地区。宝洁公司闻名全球的除了它的品牌，还有它的内部提升制度。在宝洁，中高层管理人员几乎全部是从内部培养起来的。宝洁认为自己 160 多年的成功秘诀之一就是内部提升，所有的高级员工全部自己培养，从来不会招一个“外人”管理企业。

在管理非常成熟规范的跨国公司，通过猎头寻找高级管理人员是一种司空见惯的做法。但我最近看到一则新闻报道，硅谷网站（silicon.com）的首席信息官评议会（CIO Jury）集体认为，首席信息官们应该花更多的时间培养内部接班人，而不是从外部引进。他们认为，内部接班计划更具连贯性，更便于管理，还能够节约时间和金钱。

尽管内部选拔存在不足，比如由于相同的文化背景，可能会产生“近亲繁殖”，也有可能出现“裙带关系”，但内部选拔的好处在于以下几点：

首先，内部提拔容易保持企业核心价值观的延续。内部人才多年来受企业文化熏陶，对企业核心价值观的理解非常深刻，思路和作风一脉相承，因此在工作中更能坚持企业的核心价值观，而核心价值观的延续性对一家企业来说至关重要。新来者则可能把原有的秩序打乱。华为老总任正非 1998 年 3 月发表了一篇题为《由必然王国到自由王国》的文章，其中讲到他对接班人的两项基本要求。他说，“一个企业能长治久安的关键，是它的核心价值观被接班人确认，接班人又具有自我批判的能力。《华为基本法》已经阐明了我们的核心价值观，我们的数千员工现已认同它，并努力实践它，在实践中把自己造就成各级干部的接班人。”

其次，内部提拔容易帮助企业尽快开展工作。内部接班人对行业和企业有深刻的理解和运作能力。现代市场竞争十分激烈，专业分工非常细致，隔行如隔山，外行指挥内行虽然也有成功案例，但难度确实很大。企业内部培养的接班人，一般都是从企业基层一步一步走上来的，深谙行业运行之道，在行业内有足够的资源。比如说，和供应商、客户、金融机构等已经建立起了密切的合作关系，因此，能够调动资源，相对容易地带领企业发展，塑造企业竞争力。而一个从其他行业来的CEO可能会做出违背行业规律的决策，给企业带来损失。同时，内部培养的接班人也更容易理解和执行前任者的意图，能够延续现有的路线，而不会轻易改变企业的发展方向。此外，内部接班人在企业内部有一定的威望，熟悉企业文化和内部规则，更容易得到内部的认可。也许外来接班人能力更强，但他的行事作风存在着企业内部抵抗的风险。

再者，内部选拔有助于激励企业内部人才，更容易激发他们的工作动力，也能够促使企业内部完善人力资源体系，更加重视人才的内部培养。企业内部的人力资源系统可以根据企业实际需求，有针对性地培养企业所需要的人才。仍以任正非为例，他在美国考察了 IBM、休斯、贝尔实验室和惠普等世界顶级企业后，又撰写了一篇题为《我们向美国人民学习什么》地文章，谈到“美国与华为差不多规模的公司，产值都在 50 亿到 60 亿美元以上，是华为的 3 到 5 倍。华为发展不快，有内部原因，也有外部原因”，外部原因是“社会上难以招到既有良好素质，又有国际大型高科技企业管理经验的空降部队”。找不到适合人选的时候，自己培养就是最好的选择。

第三节　管家与主人——职业经理人时代

家族企业在成长过程中，应该学会适应、管控职业经理人。

曾经有一个故事是这样的：职业经理人和企业主路过景阳冈，在当年武松喝酒的地方吃饭，店家告诉他们前面有猛虎，建议停留几日，结伴而行。于是职业经理人向企业主建议，“不如听店家的，等到会有人来，我们再结伴而行。”企业主一想，如果停留，就要耽误时间，错过市场机会，于是说“为什么要和别人结伴而行？你是职业经理人，有武功和本事，走在前面开路。要是老虎来了，你就把它打死，它就是我们的了。到时候我不会亏待你。”

这个故事，既说明了职业经理人和企业主之间的天然差异，也说明了所有者和经营者之间的根本矛盾。

从企业主的角度来看，选什么样的职业经理人至关重要。长期从事猎头工作的李金保曾经说，“我们的家族企业客户中，60%以上的老板会先看候选人的长相，看看是不是合得来，然后再谈业绩及其他方面的问题，更有甚者，企业老板会关注候选人的属相和生辰八字。目前在国内，由于家族企业的整体发展水平都相对比较低，很多家族企业的人力资源管理体系非常薄弱和落后，因此很多企业主不对职业经理人进行全方位的了解和考察，容易凭借职业经理人外在的显赫名声做出雇用决策，并且保持着很高的期望值，这样在双方开始合作以后，很容易期望落空。不同的职业经理人有不同的教育和工作背景、不同的专业能力、不同的工作思路、不同的处事风范、不同的人脉关系、不同的道德水平以及不同的薪酬要求，企业主必须充分考虑职业经理人的综合情况，才能做出正确的选择。

对目前国内绝大多数的企业主来讲，怎么用好这些职业经理人更加重要。在处理相互关系上，企业主的任务主要包括三部分内容：一是要设定好职业经理人的位置，搭好职业经理人活动空间的架子，边框在哪里要明确。二是要设定好职业经理人的工作目标，要把愿景明确地告诉对方，出现不同的意见时，要有商有量，用木桶来作比喻，企业主要明确对职业经理人的期望是装更多的水还是更多的衣服？如果要装更多的水，就要每一个木板平衡发展，但木桶整体高度看起来可能变化不显著；如果要装更多的衣服，只要几个木板特别突出，就可以满足需要，也许会有很多严重问题存在，但木桶的整体高度增长巨大。只有首先明确自己的需求，才能让职业经理人找到方向。三是要设定好不同级别的考核标准和激励标准，是基本合格、比较满意、非常满意还是超出预期，都要定期给职业经理人反馈，并采取明确的激励措施。

家族企业与职业经理人时时处在一个微妙的平衡关系之中。目前在我国，家族企业与职业经理人的平衡主要包括三种关系：第一种，和企业主的关系；第二种，和企业继承人的关系；第三种，和家族其他成员的关系。

我们提到，企业主与职业经理人之间具有天然的差异和矛盾。职业经理人在加入家族企业以后，企业主既要放权又要掣肘。在这个过程中，找到充分发挥个人能力和不越界的平衡非常关键。如果处理不妥，对于某些企业家，也许仅仅是工作中的不愉快；但对于另外一些，则可能引发彼此之间的不信任，伤害日后的合作关系。

目前，很多改革开放初期开始创业的家族企业陆续进入第一轮“父子大换班”时期。对家族企业来说，交接班是一个非常特殊的时期，继承人的权威性和家族企业文化的延续都处于危险变数中。由此，继承人与职业经理人之间的平衡与利害把握自然带有几分“权谋”的色彩。作为家族企业“所有权”与“经营权”的代表，“太子”与“宰相”的关系必须理清。只有把握好自己的角色，职业经理人才能继续在企业生存下去。

下 篇

家族精神的传承和延续

在世界人类有文字记载的历史上，最长、最古老并传承有序的家族，是中国的孔子家族。而孔子家族的传承，是文化的传承。

家族精神的传承和延续靠文化而不是财富。实际上，在家族延续上，生生不息的只有文化。

文化的传承，并不是简单的拷贝，它既需要传承也需要创新。文化是在继承中发展，在创新中产生活力的。所谓文化继承，是在传承中保持优势基因；所谓文化创新，则是在传承发展中，赋予文化基因新的、时代的因素。

正是在这种变与不变中，文化传承更具有操作性的同时，也更具有家族性。现代家族企业在发展过程中，从制度层面上不断完善，形成了既可以保持家族特色又有时代烙印的制度性文化，使家族精神的传承更具企业和市场属性。

第十二章 变与不变：解码家族基因

在人类遗传中，有一个不变的核心密码：这就是基因。在变化的社会和组织中，传承也应该找到不变的基因。这个基因，就是家族中相对不变的东西，是家族传承中不可或缺的核心密码。

第一节　寻找家族基因密码

罗斯柴尔德家族在家族宪章中有句著名的话：尽管所有的一切都可以改变，但族人“团结”，是唯一不能改变的家族精神。

“团结”是什么？在这里，是罗斯柴尔德家族的家族精神，是传承中不变的东西，也是家族遗传的密码，它保证了这个家族几百年的传承。

家族精神是家族的价值体现，也是家族品牌。家族传承的最高境界或者说最深刻的本质，就是家族的价值、精神或者说文化传承。这个由创始人打造出来的家族品牌最终历经一代又一代，变成了家族的基因。

家族基因，包括非常丰富的内涵。从大的方面来看，至少包括家族的核心价值观、家族的使命与愿景，以及家族的核心制度与规范。

一、家族的核心价值观

核心价值观是一个群体判断各类事务时依据的是非标准，是其自发和本能遵循的行为准则。对于一个家族而言，核心价值观是家族所拥有的信念，在家族的各种为人处世哲学中起主导性作用，是家族解决问题、处理内外矛盾的基本准则，代表了家族在一些基本问题上的基本态度和立场。

最有名、最为世人所熟知、所称颂的家族核心价值观可能就是罗斯柴尔德家族的“团结”了。“兄弟齐心，其利断金”，团结这一理念贯穿于罗斯柴尔德家族发家、繁荣、持续存在的始终，是无数次挽救家族命运并在两次世界大战后帮助家族重新崛起的法宝。没有团结，不会有罗斯柴尔德家族在两百多年前就做成真正的世界级跨国银行的可能；没有团结，也不会有今天的罗斯柴尔德家族依然有核心的家族企业。

二、家族的使命与愿景

使命是自我价值定位，描述的是家族存在的目的和意义，是家族的价值所在，因此也会附着家族将要承担的责任和义务。愿景是长期发展目标，是对家族未来发展图景的期望描述。

三、家族的核心制度与规范

制度与规范是最能够反映一个家族价值与文化取向的。因为制度与规范清晰地展现出了一个家族鼓励什么、支持什么、反对什么、禁止什么。比如李锦记家族的内部规范就明确反对晚结婚、离婚、婚外情。罗斯柴尔德家族禁止女性家庭成员参与公司业务，还曾经在早期鼓励家族内部通婚，以把财富尽可能全部留在家族内部。价值观说明是与非的标准，制度和规范则要求践行是与非，并会对违规者给予相应的惩戒，因此，我们才会说家族治理与家族宪章也是家族文化传承重要组成部分的原因。

第二节　传承家族基因

家族基因是会不断进化的。家族精神的传承代表着家族的核心价值观能够得到延续，家族的使命与愿景能够得以认同，家族的规范能够得以遵守。那么，如何才能够确保以上目标顺利实现呢？主要包括两方面内容。

一、家庭教育是关键

《颜氏家训》是汉民族历史上第一部内容丰富、体系宏大的家训，而家训在本质上就是一部家族教育的教科书范本。这本书成书于公元6世纪末，作者颜之推是南北朝时期著名的文学家、教育家，他通过总结和记述个人的经历、思想、学识，形成这套教育子孙、告诫子孙的著作，并传承千年。全书共有七卷，二十篇，分别是序致第一、教子第二、兄弟第三、后娶第四、治家第五、风操第六、慕贤第七、勉学第八、文章第九、名实第十、涉务第十一、省事第十二、止足第十三、诫兵第十四、养心第十五、归心第十六、书证第十七、音辞第十八、杂艺第十九、终制第二十。可以说涉及的范围相当广泛，以传统儒家思想教育子弟如何修身、治家、处世、为学等。历代学者对该书推崇备至，视之为垂训子孙以及家庭教育的典范。事实上，历史也证明了颜氏子孙在操守与才学方面都有惊世表现。在唐代有注解《汉书》的颜师古，书法大家颜真卿，凛然大节、以身殉国的颜杲卿等人，足证其祖所立家训之效用彰著。即使到了宋元两朝，颜氏族人也仍然入仕不断。

二、家族规则的制定是家族持久运行的终极手段

赫赫有名的裴氏家族规定，子孙考不中秀才者，不准进入宗祠大门；凡是有辱裴氏门风的族人，去世以后不得葬于裴氏祖茔等。由此，严格确保了家族的文化体系始终具有巨大的影响力，正能鼓舞人心，鼓励学习与进步；负能警醒家族成员，淘汰落后，确保家族基因的持续进化与提升。

山西闻喜县是中国历史上出宰相最多的县，而出自闻喜的宰相多出自裴氏家族。裴氏家族千年荣显，是历史上传承最悠久、最有名的家族之一。闻喜县礼元镇裴柏村，就是裴氏家族的发源地。

裴氏始祖为嬴秦始祖非子之后，非子之支孙封裴（原字为上非下邑）乡，裴因此成为家族姓氏。周僖王时，六世孙陵封为解邑君，乃去“邑”从“衣”，以“裴”为姓。后裴氏分为三支，分居河东、燕京、西凉等地，但考其谱

系源流，都出于闻喜裴氏，因此也有“天下无二裴”之说。裴氏家族兴盛于魏晋、十六国、南北朝，鼎盛于隋唐，微衰于五代，延至明清，长达2700多年。在上下两千多年间，正史立传与载列者600余人；名垂后世者，不下千余人；七品以上官员，多达3000余人。其家族人物之盛、德业文章之隆，在中外历史上堪称独无仅有。据《裴氏世谱》统计，裴氏家族在历史上曾先后出过宰相59人，大将军59人，中书侍郎14人，尚书55人，侍郎44人，常侍11人，御史10人，节度使、观察使、防御使25人，刺史211人，太守77人；封爵者公89人，侯33人，伯11人，子18人，男13人；与皇室联姻者皇后3人，太子妃4人，王妃2人，驸马21人，公主20人等，真可谓“将相接武、公侯一门”。在各个学术领域中，裴氏家族卓有成就者更是朗若群星，闪耀古今，不胜枚举。直至905年，后梁太祖朱全忠操纵唐哀帝制造了诛杀裴氏的“白马之祸”，五代以后，裴氏式微。但即使如此，裴氏家族也没有销声匿迹，仅近代以来，就有从武的裴昌会、裴怀亮、裴崇纲等，从文的裴文中、裴益川等，他们都是裴家后人。

追溯裴氏家族经久兴隆的原因，宋朝大思想家欧阳修在研究裴氏宗谱与碑记时评价，良好的家风是裴氏兴起的最重要原因。裴氏笃信儒家的伦理学，赞成孔子“不仕无义”的观点，主张有学识的人理应出来做官，认为帮助君主平定天下，是人臣义不容辞的责任。

明末清初思想家顾炎武在考察裴氏家族后，总结出了三条家族传承的要义，即联姻、世袭与自强不息。由联姻、世袭所结成的封建裙带关系，促成裴氏人物显露头角的优越条件，是家族持续繁盛的外在原因。然而，对于公侯将相数以千计的裴氏家族来说，起决定作用的原因还在于家族内部。“重教守训，崇文尚武，德业并举，廉洁自律”是裴氏家风的主要特征。

陶鲁笳曾经分析，“‘统一家史严加教，发愤图强靠自谟’，裴氏家族不断修订和完善家史、家规，一面严格家教并按家规严格执行家法；另一面，又鼓励子孙，靠自己的努力发奋图强，不要只靠祖上功德的庇荫。这样就把严和宽辩证地结合起来。这可能是裴氏家族久盛不衰的一个重要原因。”

“重教务学、崇文尚武、德业并举、廉洁自律”的裴氏家训涉及到方方面面，概括下来，主要体现在三个方面：

第一方面是解决家族内部人与人之间关系的，这些家训准则包括：①敬奉祖先：“慎终追远，木本水源。生事死葬，祭祀礼存。立志向善，做贤子孙。贻谋燕翼，勿忘祖恩。”②孝顺父母：“父母恩德，同比昊天。人生百行，孝顺为先。跪乳反哺，物类犹然。况人最灵，孺慕勿迁。”③友爱兄弟：“世间难得，莫如兄弟。连气分形，友恭以礼。同心同德，团结一体。姜被田荆，怡怡后启。”④严教子孙：“家庭教育，立人丕基。诲尔谆谆，性乃不移。谨信泛爱，重道尊师。传子一经，金玉薄之。”⑤协和宗族：“曰宗曰族，一脉相传。勿事纷争，和谐齐贤。尊卑长幼，伦理秩然。远近亲疏，裕后光前。”

第二方面是解决家族外部人与人之间关系的，这些家训准则包括：①敦睦邻里：“同村共井，居有德邻。相维相恤，友助和春。勿生嫌隙，有礼彬彬。基层良风，家国亲仁。”②惇厚戚朋：“朋友五伦，以德辅仁。益友损友，择游宜珍。戚党姻亲，和洽如春。岁时伏腊，晋接礼宾。”③讲求公德：“置身社会，公德第一。爱惜公物，遵守序秩。时时警惕，留心错失。祛除自私，免贻人疾。”等等。

第三方面是解决个人与世界、内心与外在之间关系的，这些准则包括：①立身谨厚：“谨身节用，明刊孝经。武侯谨慎，昭若日星。厚德载福，宽让能宁。谦虚自牧，喜怒不形。”②居家勤俭：“勤能补拙，俭以养廉。丰家裕国，莫此为先。秃惰奢靡，祸害无边。惜时爱物，居安乐天。”③读书明德：“人不读书，马牛襟裾。学而时习，其乐有余。一技专长，生计无虞。立达希贤，典型规模。”④言语慎重：“一言兴邦，一言丧邦。圭玷可磨，言玷永伤。驷不及舌，语出须防。少说寡祸，发言有章。”

第三节 “子承父业”与“子不类父”

从中国人性和文化的角度看，多数人希望家族基业长青。这方面的带头人是开创大一统天下的封建帝王、中国首位皇帝秦始皇嬴政。秦始皇对中国和世界历史产生了深远影响，是他把中国推向大一统时代，奠定了中国两千余年政治制度基本格局，并被明代思想家李贽誉为“千古一帝”。他自封始皇帝，儿子为秦二世，希望自家天下能传万世。但没成想，大秦帝国二世而终。于是，有历史学家下结论说：之所以这样，是由于秦二世不像始皇帝，所以，不能子承父业。

但与父辈一样就可以了吗？

一、在变化的时代里，“变”才是不变的

在我们生活的时代里，“变”才是不变的，家族企业也同样如此。

1. 第一个变，是工业革命

以瓦特蒸汽机为代表的第一次工业革命，催生了以航海和纺织为主体的第一代世界霸主——英国。

以电磁和内燃机为代表的第二次工业革命，不仅催生了以机电、汽车为主要生产内容的企业，如通用电气、福特汽车，而且产生了石油、银行这样的行业。

日本的丰田汽车公司，早期是做纺织机的。丰田汽车公司之所以能成为一个世界级的企业，是在市场、环境变化后，他们果断的将以纺织机为主的生产企业变为汽车制造企业。

2. 第二个变，是市场需求

我们从三十余年中国市场发展看，如果 20 世纪 80 年代中期，你要到广东办厂，生产什么呢？最好的选项，是做饼干、保健品，衬衫制做公司、牛仔裤生产公司，或者做化妆品。那时，香港人跑到广东来找到政府，政府就会给你批一家中外合作公司，所得税两免三减半，银行给你

配套资金，免费给你一块土地。之后，你可以用免税指标去香港买一辆轿车回来。这辆轿车在中国地区可以卖到原有价格的三倍。但到了 20 世纪 90 年代，中国人已经基本解决了吃穿问题，大家想着改善生活，希望家里有台冰箱、有台空调，甚至希望开上汽车。随着家庭电器消费的增加，如果你进入冰箱行业、洗衣机行业、汽车行业，你就站在了趋势的风口。那时，在广东顺德一带，只要拉上家电生产线，就能赚钱。进入 2000 年后，一方面是中国人吃、穿、用的都有了，想改善居住环境；另一方面则是国家开始取消福利分房政策，房地产行业引进了“按揭”这个金融工具，消费者可以花明天的钱享受今天的生活。所以，在 2000 年以后，房地产行业、能源行业、金融行业造就了大量成功企业，也相应的造就了大批富裕人群。

技术革命和消费者需求变化，是推动企业变革的重要因素。正是这种“变”，对企业的生存发展提出了挑战。企业需要在变化中生存。

二、“子不类父”是传承中的进化与进步

中国人喜欢按照自己的模式和想法培养和造就下一代。但下一代毕竟有自己特有的、已经发生了改变的生存

环境，下一代不可能是上一代的简单拷贝。

下一代的改变，既有时代变迁带来的自然改变，这是人类进化的大背景；又有弥补上一代的不足、矫正上一代事业缺失的诉求；此外还有基因传承因素，在良好的家庭教育前提下，会本能去修复。

2005 年，我曾参与国家为纪念郑和下西洋 600 周年暨设立“中国航海日”工作。在研究明史中，我发现了个非常有意思的事情：郑和七下西洋活动的所有历史，在正史档案中全部没有。明史专家告诉我，支持郑和七下西洋的皇帝死后，继任皇帝下令把所有资料档案烧毁。

从公元 1405 年到 1433 年的近三十年里，明成祖永乐皇帝朱棣派遣宦官郑和率水手、官兵先后“七下西洋”，把大明王朝国库几乎耗尽——这在当时是一个劳民伤财、得不偿失的工程。明成祖死后，其子明仁宗继任皇位，一上任就宣布“罢西洋宝船”，并以勤政爱民、减税节约著称。

另一个例子是康雍乾祖孙三代创造出的康乾盛世。康熙一生治世 61 年，雄才伟略无数，但晚年由于过于宽容、怠于吏治，导致整个清廷弊病横生。而继任的雍正性格作风迥异，他秉性严酷、刚毅果断，办事雷厉风行，处世近于苛刻琐碎，远不像康熙宽厚仁慈。但他惟日孜孜，励精图治，通过大力改革，使得康熙晚年的诸多弊政隐患大为改观。在他短短的 13 年任期内，既使上一任的事业得以巩固，又为乾隆时代的来临打下坚实的基础，开创出良好的政局。

传承并不等于就是简单的“子承父业”，而是需要根据变化了的社会和环境进行调整。领导者的观念、方法都需要变化，家族的传承更是如此。

IBM 的创始人老沃森是销售员出身，他非常注重客户意见，工作中追求尽善尽美，给 IBM 近乎等于服务的品牌形象奠定了坚实的基础。但他在管理中奉行“家长式”，作风上严厉、独断，他的意见就是公司的信条。由于他对计算机不感兴趣，使得 20 世纪 50 年代 IBM 开始在这一领域落后于同行。而他的儿子小沃森继任以后，提倡民主、宽松，开始设立意见箱鼓励员工提建议，并且鼓励创新的文化氛围。就在小沃森任期内，IBM 真正成为美国标志性的“蓝色巨人”。如果老沃森找一个和他秉性喜好都相近的继承人，也许今天就没有 IBM 这个信息行业的“大象”了。当然，这个传统依然持续至今。小沃森交棒后，IBM 依然在变。曾经的世界 PC 巨头，后来把硬件 PC 卖给了中国的联想，转而专注于服务和软件，以应对时代的变迁。

在非家族成员身上，传承之理皆然。GE 的第七任总裁雷吉•琼斯在选择接班人的时候选了和自己完全不同的韦尔奇。对比两人，雷吉稳重、保守，热衷于规范企业制度，但由于性情温和而导致机构臃肿；而韦尔奇则激进、暴躁，手腕狠辣，除旧创新，果断裁员，解决前任遗留下来的问题。由于“子不类父”，GE 更加辉煌。20 年后，历史重演，韦尔奇卸任之际，再次选择了和他完全不同的杰夫•伊梅尔特。伊梅尔特个性稳重、成熟、平和，机敏且善于沟通，总是面带微笑，甚至被人笑话有点“软”，读大学时被同学选为“最受欢迎的人”。一位日本管理者说，“当听到杰克•韦尔奇的电话时我们会浑身紧张；而当听到杰夫•伊梅尔特的电话时，我们会脸带微笑”。“子不类父”的伊梅尔特带领 GE 安然度过了“9•11”之后的萧条危机。

“子不类父”是必然。从上一代到下一代，几代以后一切都已改变，一切都已不同，家族内部也会如此。纵使我们今天是在探讨传承，探讨家族的延续与继承，但认清传承所面临的形势与环境仍然是一切工作的基础与前提。正确认识“子不类父”，才能够接受一代一代不再相同，才有了探讨家族延续与精神传承的前提。从这个意义上说，“子不类父”是人类传承中的进步。

第十三章

家族教育

家族教育是家族传承最重要的体系。孔子在《大学》中讲道：古之欲明明德于天下者，先治其国；欲治其国者，先齐其家；欲齐其家者，先修其身；欲修其身者，先正其心。后世人把这些话精简后，就是“修身、齐家、治国、平天下”。修身、齐家，都是教育问题。家族教育，不仅是对下一代的教育，也包含了对上一代的教育。

第一节　家族教育的基本内容

家族教育主要包含三个方面的内容：

一、国民教育

人类教育经过几千年的发展，已经逐步建立科学的体系。世界各国、各地区基本形成一致的认识，即从适龄开始，小学、中学、大学教育以及研究生阶段教育是一个完整的教育体系。联合国教科文组织指出：衡量一个国家、区域的文明水平，其所属人群受教育水平是重要标志。进入 21 世纪，联合国成员组织达成一致的议题，就是普及现代教育。

作为富裕家庭，应该也必须为家族成员提供良好的文化教育。

2014 年，我们曾对 367 位年龄在 45～60 岁的企业家子女教育情况进行问卷调研，调研结果如下：

（1）企业家群体十分重视教育。这些企业家第二代有 352 名接受了正规的国民教育；其中，157 位还有国外教育经历。

（2）从专业来看，二代子女中有 212 位学习的是商科、金融；除此之外学习电子计算机、旅游管理等专业的较多。

从这次问卷调研看，企业家群体普遍重视对下一代的教育。一方面，随着中国经济发展，这些家庭有条件创造良好的教育机会；另一方面，和中国的文化有关，中国人普遍有“万般皆下品，唯有读书高”的传统观念。

二、家族教育

俗话说：三代出一个贵族。而今天，所谓“贵族”，首先是素养。这种素养教育，则不可能是一朝一夕的事。

文化素养教育包括了价值观、情趣爱好等。在多子女家族结构下,大量的家族成员都不会进入接班人培养计划,而是更多接受基础的通识教育，因此很多大家族后期都出现了大量的科学家、文学家、艺术家，这与家族强大的基础成长教育系统是息息相关的。

家族教育包括了家族文化教育、家风教育。家风教育是最抽象，也是最复杂的，往往易于表象，难于本质，其成败往往会成为家族传承成败的重要因素。古驰是人们耳熟能详的意大利奢侈品牌，始于家族企业。古驰欧是古驰家族第一代掌门人，也是品牌创立者。他的长子艾杜成为第二代掌门人，并把家族企业发扬光大，古驰成为身份与财富的象征。但到第三代掌门人莫里吉奥，家族就被迫退出家族企业，1993 年，莫里吉奥以 1.2 亿美元现金完全退出古驰，家族与用家族姓氏命名的这一奢侈品牌再无相干。后来，莫里吉奥因生活放纵，迅速败光家产，婚姻失败，并被妻子雇人枪杀。家族不仅失去了家族企业，传承也就此终结。

三、临岗教育

家族教育最重要的一个子系统就是家族的接班人教育和培养计划。这部分已经在第二部分做过系统深入阐述。

第二节　家族教育的主要方式

家族教育的方式受到多重因素的影响，时代的变迁，环境的转换，条件的变化，都会对家族教育规划产生巨大影响。

魏晋南北朝时期是中国古代家庭教育的鼎盛时期，也可以说是中国家族教育的第一次大繁荣时代。在当时的历史条件下，门弟观念强化，家族意识崛起，士族阶层的家族教育获得了长足发展，十分兴盛。当时中国的家族教育主要有三种形式：一是世代相授的家学，这种传统的施教模式在世家大族中，表现得尤为明显；二是“家馆”，家族开学设馆教育子孙；三是通过家诫、家训进行学识礼法的垂范式教育，《颜氏家训》就是当时的产物。

在西方，罗斯柴尔德家族早期家族教育的最重要方式就是进入家族企业学习，但从第三代开始，所有的家族成员都开始接受当时贵族主流的大学教育。英国分支的成员都进入剑桥大学或牛津大学学习，即使多年来他们都在犹太教和基督教的宗教信仰冲突中斗争和挣扎，但仍然严格地接受了基督教义下的大学教育。与此相对应，罗斯柴尔德进入家族企业的学习和锻炼就不再是家族教育的全部了，而变成了组成部分之一。再到后来，家族成员银行业务的学习，都不再局限于家族银行事务，到任何一家银行学习都是允许的。

纵观古今中外成功的家族教育，对照当今时代的教育变化，我们认为，以下四种方式仍然是最重要的。

一、言传身教

这是家族无可取代的、最为重要的教育方式，特别是在德行教育方面，在家风家学方面，在核心价值方面，都是最直接、最有效的方式。这种方式的关键在于，上一代必须要严格要求自己，希望下一代做到的，自己首先做到。言传身教的基本方式就是上一代通过生活中展现出的个人风采影响下一代人。而其延展方式则是通过家族治理、建立家族的文化传承机制。魏晋南北朝时期，以书诫教子盛行。“诫子书”又称“家诫”“家训”，是世家大族教育子孙的言论和说教，实际上就是将言传身教书面化、可广泛推广化以及可持久传承化。“静以修身，俭以养德。非淡泊无以明志，非宁静无以致远”，就是诸葛亮在他的《诫子书》中留下的传世名言。

二、私教

相比于公共教育体系而言，私人教师拥有更加悠久的历史，在东方和西方都曾是大家族教育体系的主要方式。在西方的大量文学作品中，私人教师都普遍存在于家族中。在能够进入贵族的公共教育体系之前，罗斯柴尔德家族也依靠私人教师完成家族成员的绝大部分学业。在中国，私塾、私学也比官学更丰富多彩，包括儒学、道教、佛教、文学、艺术、科技、史学、天文、历算等都曾是私塾、家族学堂的教学内容，世代相授。

三、公共教育

这种方式自近代崛起，已经成为今天最核心的教育系统组成部分。家族在教育规划中，已经不可避免地把公共教育体系的规划作为重中之重。今天，中国的富裕家庭或者家族基本上都将子女送到海外，参与海外的公共教育，撇开东西方的教育理念差别，这在某种程度上还与罗斯柴尔德家族有一定相似之处。罗斯柴尔德家族要将孩子送到海外学习，目的是确保家族的多语言传统。在今天的中国，越来越多的家族开始规划家族成员的教育，从幼儿园到中学，到大学，到社会实践。这也是中国移民海外的家庭中最重要的考虑因素。基础教育的优劣、素质教育的本质、东西方的比较，这些讨论从来没有停止过，似乎也没有得到正确答案，但家族对于公共教育系统的规划已经在探索路上。

四、实践

当家族能够提供最多样化资源给下一代的时候，实践已经成为教育系统不可忽视的重要组成部分。知易行难，所有的教育最终都要在实践中得以展现和验证，也只有实践才是最终检验和矫正教育的标准。这些实践，包括进入家族企业学习，也包括进入其他优秀企业学习。

第三节　家族教育的基本原则

家族教育的第一个教育原则就是要严，这个严，是严格，其原则必须非常明确，界限必须非常清晰。用真正严的标准教育出的下一代，才会知道哪些事可为，哪些事不可为。从心理教育的角度来看，有原则和边界，会给孩子的成长带来真正的安全感。在严的问题上，很多人会以为严是严厉，是态度强势，风格凌厉。事实恰恰相反，古驰家族最终被迫放弃古驰品牌，就是家族教育过于严苛导致的第三代掌门人教育失败。

家族教育的第二个教育原则是强调子孙必须读书学习。在中国古代，一直以来都追求谦退知足的处事理念以及廉慎爱国的为官教育。今天，价值多元化得到了广泛的体现，不同的处事方式，对于价值追求的不同选择，都得到了广泛的认同。但不管是怎样多元化，强调读书学习都是始终不变的基本原则和要义。

家族教育的第三个原则是一致性。此前提到的言传身教，价值观既要在空间维度中贯穿始终，也要在时间维度上贯穿始终，这样才会让家族成员有信任感，才能够学习，习得，实践。

第四节　家族教育的核心点

家族教育的核心点有三个：一是培养专注的精神；二是培养学习思考的习惯；三是培养承担责任的能力。

一、专注的精神

上中学的时候，读书最好的孩子总是心无旁骛专心致志读书的人，有时候还会被别人笑话是“书呆子”；上大学的时候，感情生活最丰富的总是心无旁骛专心致志追求女朋友的人，有时候会被同学调侃是“情痴”；工作以后，升职加薪特别快的多是专心致志工作不偷懒、少抱怨、多加班的人，他们会被人无意或恶意地戏称为“官迷”“财迷”。书呆子、情痴、官迷、财迷听起来带着些许调侃，但细想起来，意义很大。或“呆”或“痴”或“迷”，都是投入，都是沉浸，都是无视外物的一种沉醉。

但凡成功者，都是全心投入的人。一个成功的家庭主妇，必定是特别投入经营家庭的。有人声称自己是“玩票”做出一个成功的企业，那么他在“玩票”的过程中也必定是投入的。这种投入无关乎金钱与权势，而是乐趣，是从始至终的责任心，是一步一步获取的满足感。

二、学习思考的习惯

思考是一种习惯。有好习惯的人，在社会中容易成功；没有好习惯的人，社会不会给他成功的机会。

英国王室在培养接班人时，十分重视习惯的养成。20世纪30年代，英国王室为招待印度当地居民首领，在伦敦举行晚宴，由温莎公爵主持。宴会上，达官贵人们觥筹交错，相谈甚欢，气氛融洽。可就在宴会快要结束时，出了一件令人意想不到的事情。侍者为客人端来洗手盘，印度客人看到精巧的银器里亮晶的水端起来一饮而尽，作陪的英国贵族目瞪口呆，不知所措，而温莎公爵神态自若，一边谈笑风生，一边也端起自己的洗手水，自然得体地一饮而尽。本来的难堪和尴尬顷刻解决，宴会取得圆满成功，温莎公爵这一“善为他人考虑”的好习惯也使得英国国家利益得到进一步保证。

龚大忠先生说，真正的心理专家是人们想像不到的一类人——领袖人物。他们对人性有很深的感悟能力，对人的心理活动了如指掌。领袖人物会充分利用他们对人性的理解，达到对他人的支配能力，从而走到权力的巅峰。只不过他们没有把这些对人性的理解转变成理论文字被外界所知。又因为他们所建立的丰功伟绩，把人们的注意力转移到其他方面，故而使人们误认为是其他因素使领袖人物获得了巨大成功。实际上，正因为领袖人物对人性的理解，才促使他在人的问题上处理得游刃有余。他们是真正的心理专家。很多人称毛主席为“农民领袖”，不仅仅因为他是农民，也因为他了解农民。他青年时期刻苦读书、勤于思考，广博的知识、深入的思考帮助他了解了中国农民的现状，理解了广大中国人民到底需要解决什么问题，从而带领中国共产党和中国人民打败强大的蒋介石集团，建立新中国。

“旱时，要备船以待涝；涝时，要备车以待旱”。作为接班人，宁要对人的理解，不要对物的理解；要做企业的头脑，而不是企业的骨架。对人性的理解和把握是真正领悟管理之道的基础，离开人性谈管理是纸上谈兵。而对人性和社会的理解与领悟离不开企业家的思考。

天才是培养出来的，思考习惯也是培养出来的。一个孩子呱呱坠地，从此看到日升月落、天地万象，能不能学会分析，在于家庭的教育。观察和思考本是孩子的特长，年幼的时候，他们常常喜欢问为什么，有时候简直会问到大人们哭笑不得。令人遗憾的是，他们的这种能力随着年龄的增长和岁月的流逝，在家人和老师生硬的态度中丧失了。作为父母，如果无力刻意培养，那么不要打压孩子的好奇心也是弥足珍贵的。

培养思考习惯的关键在于培养孩子们观察生活、关注生活、思考规律、研究变化。也许只是数着数字上台阶，也许向成长的孩子提一些诱发思考的问题，也许引导他们关注一些社会现象，也许是两代人开展一场成人间的对话，也许做一些商业案例的分析。

一个不会思考的孩子将丧失很多人生的发现。德国总理默克尔称，她 12 岁在游泳课上练习跳水时，曾经在跳板上站了 45 分钟才鼓足勇气起跳，但“从那一刻起我就充满了勇气，什么事都没有畏缩过。”俄罗斯总统普金小时候学习成绩很一般，还经常打架惹事，是调皮捣蛋的典范，但他在回忆录中写道，“早在孩提时，我在多次打架中就悟出了这个道理，就是要想成为胜者，你就必须在每一次对打中咬牙坚持到底。”并不是每一个胆小的少女都会从此充满自信，也并不是每一个打架的少年都能认识到胜利需要坚持到底。这些领悟只属于会思考的孩子。

我有一个企业家朋友，一直都夸他的孩子懂事，富而不骄，宠而不盛，很少让人操心。但儿子接班以后，父亲却开始操心了。很多事情，儿子拿不定主意，征询父亲意见。日复一日，我这位朋友开始担忧他们的家业能不能做的更久更好了，也开始反思自己的家庭教育。儿子太听话了，在自己人生的大事上，从来都是家里人说了算，他都是“听”话，而不“说”话，久而久之成了一种习惯，竟然真的不怎么会“说”了。这是一种说不出的无奈。

确实，人生或许就是一个又一个习惯堆积起来的。习惯于努力，像撒切尔夫人从小就力争第一那样进取，就会习惯事事努力、事事进取。习惯于积极乐观追求卓越，就会常常从绝望中找到希望，并把希望带到一个卓越的世界。习惯于每一次的成功，就会想要追求每一次的成功，只有鲜花绽放才能心态若安。相反，如果习惯于平庸，也许便平庸一生了。

三、承担责任的能力

责任心来自家庭日常的培养。责任决不只是一个空洞的词汇，也决不是一套说教的词语，责任是故事，是生活中的一举一动。言传身教和情境教育都是很好的教育方法。人类是群体性动物，没有一个人的行为可以不和别人发生联系。作为父母，当我们和家人、朋友发生联系的时候，也许是答应赴一个家长会，也许是帮助亲友查找一个有用的信息，也许是对长辈的责任，我们的子女，年幼的、成长的孩子，正在看着我们，我们准时赴约了吗？我们在约定的时间前帮助亲友找到信息了吗？我们全心全意实现父母的理想了吗？或许都是小事，但都是责任，对别人负责，对自己的承诺和信用负责。一个没有责任心的父母很难要求自己的孩子负责。

良好的情境教育，会让年幼的子女学会承担责任，收获满足。我们可以试试让五岁的儿子在自己家里安排一次小朋友的聚会，或者让七岁的女儿组织一次家庭会议。要像相信我们自己一样相信我们的子女，要像培养我们的员工一样栽培我们的子女。事前，我们任其发挥，鼎力协助，事后，我们给予评价，提出建议，道理就这样一点一滴牢记于心了。当我们的孩子学会从自己朋友的笑声中和自己父母的肯定中找到满足感的时候，学会从朋友的不愉快和父母提出的建议中学会要更努力的时候，至少，他们已经成为一个健康成长的个体了。

一个人，一旦能有一个完整独立的人格，做事全身心付出，必然随之成为一个勤奋、热情、坚定、自信的人。投入的人，专注的人，就是最有魅力的人。

四、做建设型的父母

纵观古今中外，我们看到，有不少少年有成的孩子成年以后反而资质平平，也没有显赫功绩。早期培养，关键在于潜质。父母要善于辨识潜质、培养潜质。教育是一门艺术，关键在于用心。

我最欣赏美式教育的一点是，他们彼此间人格的尊重。

一个才高八斗、白发苍苍的老者面对懵懂天真的孩子也能够做到用平等的眼光认真地倾听，发自内心地视之为一个独立的个体，而不会用自以为权威的“大人”的道理去干涉、压制甚至颠覆孩子们的世界。只有灵魂被尊重，才有个体生命的独立与成长的自信。

不少成功的企业家把大量的时间和精力投入到企业发展中，无暇顾及子女的成长。经常见到孩子考试成绩好就给一笔金钱的奖励，成绩不好就得到一顿批评。其实，文化知识的学习只是基础，成绩也远非唯一的标准。要善于发现孩子的优点，并引导他们发扬优点。比如，一个孩子顽皮闯祸，其实背后的内涵相当丰富。这个现象后面，他的内心到底在想什么，他想要做什么。为人父母对待自己的子女能够像对待一个成年人一样给予充分的关注和重视，那么往往会得出很多不同的结论。如果对症下药，也许未来的企业就在他的手里诞生出新的技术、新的产品，成就一番新的事业。就像菲律宾前总统阿罗约就曾经在四岁时候因担心父母更爱新出生的弟弟而到外婆家居住到八岁，可以看成是一个任性的孩子，但也可以看成是一个充满了自主意识、个性很强的孩子。美国总统华盛顿童年时顽皮地砍断了父亲种的樱桃树，告诉了父亲后，父亲不但没有批评他，反而夸奖他勇于承认错误。对于父母，从孩子不好的行为中发现他的优点并引导孩子，这不仅需要改变我们的惯性思维，更是一种能力和艺术。

卓越的企业家家庭拥有更多的资源，对子女的教育需要一步一个脚印，不急不躁，从从容容，既做好负责任的父母，也做好负责任的企业家。西方谚语说，种下樱桃树，就只能收获樱桃；栽下苹果树，只能收获苹果。培养一个企业家，就能在未来看到一个企业家的成长；等待一个企业家自动诞生，或许能等来，或许永远都等不到。

家庭教育目标：身心健康、有责任有担当、有思考判断力、有特长有特点、具备商业意识和管理者潜质。

第十四章 家族理事会与家族立宪

做好家族治理，需要解决两个问题：第一，谁来管？——这是治理结构问题；第二，怎么管？——这是治理机制问题。

家族治理核心：一是家族治理结构，二是家族治理机制。在家族发展进化中，家族治理结构和家族治理机制在制度上的安排，是家族理事会和家族宪章；家族公司治理结构则包括股东大会、董事会、监事会以及执行团队。

第一节 家族治理结构与治理机制

现代公司的治理结构包括股东大会、董事会、监事会以及管理层。他们彼此分工、相互制衡，共同构成公司良性运行的基石。

现代公司的治理机制按照功能划分主要有四种：

（1）激励机制。激励机制即如何激励高管层努力为企业创造价值，减少道德风险。

（2）监督与制衡机制。监督与制衡机制即如何对高管层的经营管理行为进行监督和评价，并建立有效的相互制衡的内部权力机构。

（3）外部接管机制。外部接管机制即当高管层经营不善时，公司可以被买卖并完成控制权易手。

（4）代理权竞争机制。代理权竞争机制即不同的公司股东组成不同的利益集团，通过争夺股东的委托表决权以获得董事会的控制权。

家族治理结构，包括家族大会、家族委员会或家族理事会。家族委员会和理事会下也会设一些专业委员会（如家族投资委员会，家族教育委员会等），以及家族企业或者家族资产投资管理平台的董事会。这几种形式基本涵盖了家族全部重大事项的决策部门和决策人。

在家族治理机制上，第一是分配机制（类似普通企业的激励机制），这是家族内部争夺斗争的首要内容；第二是代理机制，家族哪些成员能够具有代表权和发言权，并且对家族各项事务具备控制权和否决权，同样非常关键，这也是家族内部权力争夺和矛盾斗争的要点；第三是监督与制衡机制，随着家族的扩大和成员的复杂化；如何监督代理人有效代表家族利益，也是家族中矛盾最多最复杂的问题之一；第四是外部接管机制。

穆里耶兹（Mulliez）家族目前已经传承到第五代，上千名继承人，但家族仍然治理得井井有条，关键就在于家族的治理结构和机制非常成熟。1903 年，法国人路易・穆里耶兹（Louis Mulliez）在法国成立一家小纺织厂菲尔达（Phildar）。路易的长孙杰拉德・穆里耶兹（Gerard Mulliez）在菲尔达的经营中汲取了零售业的经验。1961 年，年仅 29 岁的杰拉德开设了第一家杂货店。在家人的帮助下，杰拉德在法国北部成功开创了欧尚（Auchan）大型连锁超市。通过超低价吸引消费者，欧尚成功晋身法国零售业巨头。30 年间，欧尚登陆 12 个国家，雇用员工 17.5 万人，成为世界主要跨国零售集团之一。

穆里耶兹家族的其他成员也在商场上大展身手，成立了包括体育用品超市迪卡侬（Decathlon）、汽车修理店 Norauto、服装超市凯家衣（Kiabi）、平价连锁餐厅 Flunch、比萨连锁店 Pizza pai、建材超市乐华梅兰（Leroy Merlin）、家电零售商 Boulanger、设备租赁公司 Kiloutou、连锁超市 Simply Market 等企业。这些企业共雇用员工 36.6 万人，营业额 660 亿欧元，它们全部由家族最终控股公司 CIMOVAM 控制。

穆里耶兹家族人丁兴旺，路易·穆里耶兹育有至少 11 名子女，他的长子又育有 13 名子女，其他子嗣也十分“多产”。家族目前正处于第四、五代交接时期，共有 780 名继承人，其中 550 人是穆里耶兹家族议会（AFM）成员，这当中又有 250 人直接参与家族企业的经营。

穆里耶兹家族在治理结构上设有四大机构：

（1）穆里耶兹家族议会（AFM），由获得批准的家族成员组成。AFM 成立于 1955 年，当时是为了协助创办人将企业传承给 11 名继承人而成立。议会成员必须是家族成员，且需由 AFM 顾问委员会批准。目前顾问委员会主席是蒂埃里·穆里耶兹（Thierry Mulliez），他于 2010 年第四次当选。

（2）家族顾问委员会，由家族议会的成员选举产生，宗旨是确保家族利益优先于个人利益，评价 CIMOVAM 公司的战略决策是否可行，批准家族成员进入 AFM。

（3）家族最终控股公司（CIMOVAM 公司），是家族持股平台，有效实现了家族股权紧锁与家族内部股权流动等功能。

（4）家族特别私有基金，主要为家族成员及家族成员公司的建立提供经济援助。

在家族治理机制上，穆里耶兹家族具有完善的权力机制、制约机制、激励机制和责任机制；同时，具有灵活的调整机制和退出机制。如，为了有效调整家族成员们在家族企业中的参与程度，家族成员联合会每年五月举办一次家族内部的股权交易会，实现家族成员股权有序的内部流转。这样的机制设计灵活地实现了家族成员的利益调整与退出。

第二节 家族大会

举行家族会议，讨论家族的重要事宜，是家族在传承和发展中必然会用到的工具和方法。

家族会议在早期，类似家庭会议，规模不大，家族主要成员或者全体成员聚在一起，共同讨论家庭的一些重大事项，做出决定，随后家庭成员就照此执行。随着家族的壮大，家族成员数量扩充，情况复杂，举办大型的家族会议就类似于召集股东大会，要有制度化的规范和流程，保证家族大会的成功。

家族会议是一种面对面的沟通方式。在家族会议上，家族成员坦诚分享信息、价值观、期望、责任及计划；讨论对不同问题的看法、化解分歧，形成家族共识。

第三节　家族立宪

宪法是一个国家的根本大法，要明确规定国家的根本制度、根本任务、基本制度和基本原则，包括社会制度、国家制度的原则和国家政权的组织以及公民的基本权利义务等内容。

家族宪章就是家族的宪法，是家族的根本大法，对家族的根本任务、根本制度、基本原则，包括家族制度和原则、家族组织方式、家族成员的基本权利和义务等要做出明确的规范。

一般来说，家族宪章至少要包括以下五个部分的内容：

（1）家族使命和核心价值观。家族宪章首先要阐明家族使命，也就是家族发展的长远目标。例如，家族使命是确保家族内部的团结与和谐，实现长久的家族事业代际相传。其次，要明确家族的核心价值观。家族的核心价值观来源于家族成员的共同价值，因此反映绝大多数家族成员的共同价值。

（2）家族成员的权利。家族成员最根本的权利是对家族全部资产的所有权和控制权。首先要明确所有权归属，有些家族平均分配所有权，有些家族则明确所有权只分配给认同家族理念、对经营事业有能力、有热情的家族成员；其次则是控制权，包括家族治理结构中的家族管理权，家族企业的经营权，以及家族资产投资的决策权。

（3）家族成员的行为规范。这部分内容要对家族成员的个人行为做出明确的要求，并有相应的约束措施。比如，李锦记家族宪章明确规定，家族成员不得晚婚、离婚，不准有婚外情。如果出现违规，则“初犯的罚款，再犯的大额罚款，第三次冒犯的降职，第四次及反复冒犯的革除出企业”。家族成员在享有家族宪章规定的权益时，也要对家族尽各自的义务。

（4）家族成员的培养计划。柯洛普（Kropps）家族宪章规定：“寻求在家族企业中永久工作的家族成员，必须有至少 5 年以上在家族公司以外的工作经验。其中至少 3 年必须在同一雇主下工作，并且至少有 2 次升迁或类似证据证明表现、能力、责任及可信度得到提高。如果一个家族成员不先在其他地方成为一名有价值的员工，那么他在家族公司中有可能既不快乐也不多产。”

（5）家族成员的冲突解决和退出机制。随着家族的发展与壮大，家族成员会迅速多样化和复杂化，提前制定冲突解决和退出机制，必不可少。冲突解决和退出机制制定得好坏，也是家族能否长治久安的重要环节。可以允许家族成员出售他们的权益并离职。

家族宪章是家族成员自愿奉行、捍卫的家族规范。因此，家族宪章必须经由家族成员共同讨论，共同编制，共同决定，宪章修订也要经过家族全体成员认同才能调整。

李锦记集团于 1888 年由李锦棠创办于广东珠海，1946 年，公司迁往香港。1971 年，家族发生了第一次内乱。李锦棠去世时，将股份分给了三个儿子，老大李兆荣、老二李兆登、老三李兆南。由于老三李兆南的儿子李文达建议改变公司策略，做一些低价产品，以扩大香港及其他中低端市场的销量，这一想法遭到大伯、二伯和堂兄弟们的反对，矛盾日益激化。1971 年，李文达的大伯、二伯合谋，意欲联手收购李兆南的股份。一场激烈的家族大战由此爆发，最终大伯、二伯移民离开香港。1972 年，李文达协助父亲最终以 460 万港币收购了其他人的股份，成了公司第三代掌门人。

1980 年，家族发生第二次内乱。李文达的弟弟 1980 年后因病长期不能参与公司管理，弟弟一家人担心李文达会侵占其应有股份，要求李文达成立股份有限公司并清算股权，并提出将自己的股权卖给李文达，退出李锦记。但是弟弟要价太高，双双纷争不断，最后闹上了法庭。1986 年，李文达以 8000 万港币将弟弟的股权全部买了过来，公司成了负资产。李文达内忧外患，又伤亲情又忧企业，整日焦虑万分，情绪低落。

经历两次家族之乱，李文达痛定思痛。他认为要把子女们团结在一起，以家族利益为重，追求家族永续，置企业利益于次要地位。他认为，追求企业永续往往将个人和企业利益置于家族利益之上，导致家族四分五裂，企业则不能永续；而追求家族永续，“我们大于我”，家族成员团结和睦，企业必然得到永续发展。

“如何才能将家族企业延续下去”？李家探索出了一个全新的“家族模式”。在“家族至上”理念之下，李锦记以父母和五兄妹为核心成员，成立了“家族学习与发展委员会”（简称家族委员会），这是整个家族的最高权力机构。下设“家族业务”（包括李锦记酱料集团、李锦记健康产品集团）“家族办公室”“家族投资公司”“家族慈善基金”“家族培训中心”，同时制定《李锦记家族宪法》，定期召开家族会议，全力推进家族的和睦和长久发展。

特别是《李锦记家族宪法》的制定，使家族发展有“法”可依。这部神秘的家族宪章，具体内容外人不得而知，但据媒体报道，可以归纳出以下内容：

1. 公司治理

李锦记集团坚持家族控股，具有血缘关系的家族成员才能持有公司股份；下一代无论男女，只要具有血缘关系，就具有股份继承权；董事局一定要有非家族人士担任独立董事；酱料和保健品两大核心业务的主席必须是家族成员，主席人选每两年选举一次；集团董事长必须是家族成员，CEO 可以外聘。

2. 接班人培养

对于是否接手家族生意，下一代拥有自主选择权。后代要进入家族企业，必须符合三个条件：第一，至少要读到大学毕业，之后至少要在外部公司工作 3～5 年；第二，应聘程序和入职后的考核必须和非家族成员相同，必须从基层做起；第三，如果无法胜任工作，可以给一次机会，若仍旧没有起色，一样要被辞退；如果下一代在外打拼有所成就，李锦记需要时可将其“挖”回。

3. 家族会议

每 3 个月召开一次家族会议，每次 4 天。前三天由家族委员会核心成员参加，后一天家族成员全部参加；会议设一名主持人，由委员会核心成员轮流担任。

4. 家庭内部规范

不要晚结婚，不准离婚，不准有婚外情；如果有人离婚或有婚外情，自动退出董事会；如果有人因个人原因退出董事会或公司，其股份可以卖给公司，但仍然不离开家族，仍是家族委员会成员，参加会议。

5. 家族成员退休规定

家族成员年满 65 岁时退休。

6. 家族宪法修改和决议执行

宪法内容的制定和修改，必须经家族委员会 75%以上通过；一般家族事务的决议超过 51%就算通过。

几年前，我曾到河北大午集团调研。这家公司是典型的家族企业。从1984年在一片荒滩上养1000只鸡、50头猪起步，经过30多年发展成拥有4000多名员工、年产值50多亿元的大型农牧企业。

大午集团创始人孙大午也从不避讳他们是家族企业，在企业治理上，他采用的并不是股份制、继承制等家族企业普遍采用的企业治理方式，而是开创了一种全新的方式——私企立宪制。私企立宪是中国企业传承独特的制度设计，是河北大午集团企业的“自治法”，是集团的创始人孙大午先生在研究了东西方公司治理结构乃至国家形态后，基于本土文化，对家族企业的财产关系和权利安排做出了制度性的创新。孙大午认为，这其中有两个意思：一是持续的问题，二是接班人的问题。 对于这些核心问题，在立宪制度中有着相应的规定。如关于产权的规定：产权归家族私有但永不分割、不分家，家族成员在企业享有理性的收益权和监督权；在公司运行层面规定：集团设监事会、董事会、理事会，实行所有权、决策权、经营权三权分立，相互协作与制约，董事会成员均由企业10年以上的员工和带班长以上的干部民主选举产生；家族还规定了立宪原则：产权清晰，制度健全，分级管理，赏罚分明。

第四节 家族理事会与治理结构

除了理顺产权结构，制约家族企业实现专业化、现代化发展的另一个重要问题就是建立现代企业治理结构。西方家族企业经过数百年的发展，形成了一套独特的治理结构。

一、家族理事会

家族理事会是处理家族事务的主体。事实上，即使普通家庭也会召开家庭会议，讨论影响全家的重要问题。对于控股家族企业的家族来讲，由于企业财产关系和管理关系的存在，导致家族关系相对复杂，有更多的重要事项需要协商决策。美国的研究学者甚至认为，家族企业的根本问题就是家族问题，而不是企业问题。因此，我们认为，设立家族理事会必不可少且至关重要。

通过家族理事会，全体家族成员可获得机会正式表达个人的意见，积极参与家族和家族企业的事务，按照所有权比例对财产处理等重大问题进行投票。家族理事会明确重大事项结果后，由少数成员代表在董事会上发表意见，进行最终决策。这样做，可以协调整个家族的意见，提高家族和家族企业事务的透明度，减少纠纷和争议，确保整个家族保持和谐融洽的氛围。很多大家族还通过家族章程或者家族宪法等形式，综合起来确立处理家族事务的规则。

家族理事会需要研究的内容至少要包括：股权或红利分配政策；所有权和控制权的转移，如企业出售；进入董事会和高管团队的家族内部候选成员。

二、董事会

董事会是处理家族企业事务的最高权力机构。董事会作为法定机构，代表股东利益，设立目标计划，监管 CEO 等高管团队，审议重大决策，检查企业财务，在企业内具有独一无二的权力和责任。但董事会在家族企业管理中的核心作用并没完全发挥出来，重大经营决策由董事会决定的比例仅为 30.1%。中国的家族企业治理还有很长的道路要走。

董事长通常由在家族内部持有股权比例最大的成员担任。根据持股比例的多少，部分家族成员也会代表家族利益出任董事。著名的宝马公司是全球屈指可数的独立汽车制造商之一，匡特家族持有其 47%的股权，但家族成员不参与经营管理，只在董事会中任职。1959 年，宝马公司危机重重之际，匡特家族出资，解决了宝马濒临被戴姆勒•奔驰公司兼并的危机。1997 年，宝马公司再度陷入困境，匡特家族再次召集紧急会议，解雇 CEO，帮助企业恢复了元气。

但随着企业规模的日益扩大，引入外部独立董事或者建立顾问委员会，也成为家族企业向外扩展视野的重要举措。这一举措不仅能够给企业带来全新的信息和理念，而且基于“不识庐山真面目，只缘身在此山中”的理由，还能够提供中立、客观的意见和见解，帮助董事会科学有效地决策。

三、高管团队

高管团队是企业真正的经营管理人员，包括总裁、CEO、副总裁、总监、总经理等各个层级的高级管理人员。在家族企业里，高管团队的存在形式也具有多样化的特征，既有总裁一人独掌大权的，像 22 岁接班的李兆会既是海鑫集团董事长，也是实际经营管理决策的总裁；也有高管团队集体管理的，像台塑集团随着王永庆、王永在两兄弟的退出，“二王时代”进入到“行政中心集体领导时代”，两兄弟的第二代四名子女和三名追随王氏兄弟的多年老臣共同执掌整个台塑的经营管理。

第十五章 家族基金会

无论谈现代企业史还是家族成长史，都绕不开的一个话题：家族基金会。

很多中国人是从一些著名企业家族基金中，知道了企业家和企业家族的故事。比如，著名实业家安德鲁·卡耐基 1911 年以自己的名字创立了美国第一家基金会。今天，卡耐基的大名出现在近 2500 家国内外图书馆以及基金会和其他研究机构中，为社会带来巨大利益的同时，也延续了财富的传奇。

在当代企业家群体中，微软创始人比尔·盖茨与夫人一起创立了比尔及梅琳达·盖茨基金会，而且由于其管理理念卓越，巴菲特将三百多亿美元个人资产，捐献给这个基金会。

在中国，我们知道蒙牛创始人牛根生设立了“老牛基金”。步长制药赵步长家族设立了“共筑中国心”基金。

今天，中国越来越多的第一代企业家们在财富管理中，开始设立家族基金。家族基金的管理组织，是家族基金会。

第一节　什么是家族基金会?

首先需要明确，家族基金会是非营利性质的公益组织，是社会团体法人。

家族基金会起源于欧洲，其概念与英国信托概念几乎在同一时期产生，经过几个世纪的发展，在欧洲形成了既相似又有区别的两种法律制度。基金会相较于信托，具有非营利法人资格，拥有独立财产，但基金会这种法人没有股东。所以，我们在基金会中，常常见到的组织形式是“理事会”，这区别于股东结构下的“董事会”治理模式。

家族基金会是由个人或家族出资，是独立于任何企业的慈善组织，经法律允许正规设立，有理事会和工作团队，有明确的宗旨、目标和规划，为社会目标群体提供公益和慈善服务。家族基金会与企业基金会、社会基金会和一般独立性基金会相比较，最大的不同在于个人和家族的兴趣和意愿是基金会慈善行动的主要依据。

现代意义上的基金会制度与信托制度一样，同样繁荣发达于美国。1904 年，当时美国的财富英雄洛克菲勒以自己的名字发起成立了洛克菲勒基金，1913 年在纽约正式注册，初始目的是为公共教育提供支持。到 2000 年，基金规模超过 33 亿美元。洛克菲勒基金会最初的宗旨是“促进全人类的安康”。随着社会的变迁，其宗旨调整为“促进知识的获得和传播、预防和缓解痛苦、促进一切使人类进步的因素，以此来造福美国和各国人民，推进文明”。百年来，洛克菲勒基金会的精神核心始终稳固持续。目前基金会仍然由洛克菲勒家族第五代成员主持，并坚持最初的捐赠传统，关注点始终是教育、健康、民权、城市和农村的扶贫。其捐赠时间跨度之长、规模之大和成就之广泛和显著，当之无愧地执美国及至全世界慈善事业之牛耳。在中国建立的著名的协和医学院及其附属医院就是洛克菲勒基金会的项目之一。

美国现在约有 98000 家基金会，其中 90%以上是独立基金会，家族基金会是主体的，大约占到一半左右。美国的家族基金会既有超级富豪家族的大型基金，也有大量的中小规模基金，5 万美元以下资产的家族基金会占一半，

50 万美元以下资产的基金会占了将近 90%。将近 70%的家族基金会成立于最近 20 多年。家族基金会关注的领域中，教育和健康这两个领域超过了 50%。

美国前十大基金会均为家族所有，他们一共掌管着高达 1140 亿美元的资产。美国基金会中心（Foundation Center）的统计数据显示，家族慈善基金会手中总计握有 3000 亿美元的资金规模，占到了全部慈善基金会规模的 42%。不仅如此，家族慈善基金会每年还贡献着全部慈善基金会捐款的 42%。

对于很多美国家族来说，随着家族的代际传承，很多家族成员都已经脱离家族企业，但他们没有脱离家族公益事业，很多家族基金会仍然由家族成员直接管理，包括大名鼎鼎的洛克菲勒基金会等。

中国大陆基金会法律制度的建立，相对来说起步较晚。根据 2004 年国务院颁布的《基金会管理条例》，我国基金会分为两类，一类是公募基金会，比如中国“红十字”基金会、青少年基金会、宋庆龄基金会等，可以向不特定公众人群募捐资金，属公募性质；另一类是非公募基金会，不得向公众募捐资金，一般由基金会发起人等特定的组织、个人或家族捐赠资金或财产。

邵逸夫曾说，“慈善家是企业家最高的境界”。随着中国经济的持续发展，中国现代家族不断壮大，国内企业家的慈善意识已经觉醒，并快速发展。胡润研究院发布了《2016 胡润全球华人慈善报告》，上榜共有 122 位华人富豪，其中，中国大陆人数最多，有 100 位，占 82%。大陆慈善家总共捐赠了 300 亿元，占到捐赠总额的 85%；平均每人捐赠 3 亿元，捐赠额度占到他们平均财富的 1.9%。

同时，近年来，中国政府高度关注家族基金会的发展，也给了很多优惠政策。比如注册登记的程序逐步简化，其他条件也开始放宽，推进了家族基金会的发展与壮大。中国企业家创办的家族基金未来将走上美国式的发展道路，会逐渐成为中国基金会的生力军。

2004 年，蒙牛在香港上市，牛根生的身家一跃超过 10 亿元。当年牛根生宣布，捐出他所持有的蒙牛股份，成立中国第一个家族基金会——老牛基金会，登记机关为内蒙古自治区民政厅，业务主管单位为内蒙古自治区人民政府金融工作办公室。老牛基金会提出，以“渡人渡己，心怀感恩；树人树木，责任天下”为宗旨；以“教育立民族之本、环境立生存之本、公益立社会之本”为使命；以“环境保护、文化教育及行业推动”为主要公益方向；要为人类的健康生活和平等发展做出贡献，“传承百年，守护未来”。目前老牛基金会已经成为中国最大、最具影响力的基金会之一。截至2015年底，老牛基金会累计与国内外142家机构、组织及个人合作，在各业务领域开展了171个公益慈善项目，遍及中国29个省（市/自治区）及美国、加拿大、英国、法国、非洲、尼泊尔等部分地区，公益支出达9.8亿元。

洛克菲勒家族的继承人，60岁的佩吉·杜拉尼（Peggy Dulany）和她父亲戴维·洛克菲勒（David Rockefeller）成立了一家名为全球慈善家总会（GPC）的组织，其成员来自世界22个国家中68个最富有的家庭，包括惠普的创始人休利特家族、摩根斯坦利家族、唐纳利家族，以及菲律宾巨富洛佩兹家族等。来自中国国内的成员包括牛根生家族、华民基金会的卢德之家族，以及爱佑慈善基金会的发起人王兵。

河仁慈善基金会是中国第一家经由国务院审批，以金融资产(上市公司股票) 创办的全国性非公募基金会。发起人曹德旺先生是我国著名企业家、玻璃大王、福耀集团董事局主席。“河仁”二字为曹德旺父亲曹河仁名字，寓意“上善若水、厚德载物”。他捐出其家族所持福耀集团 3 亿股股权，当时总市值达 35.49 亿元，因此可以称其为曹氏家族慈善基金会。河仁慈善基金会是以国务院侨务办公室为主管单位的涉侨基金会，成立之前，曹先生捐赠股票成立基金会支持社会公益慈善事业的想法面临诸多体制上的问题，为促成此创新之举，国侨办做了大量的协调推动工作，得到了多位国家领导人的关注和支持。河仁慈善基金会在资金注入方式、运作模式和管理规则等方面开创了中国基金会的先河。

早在成立家族基金会之前，曹德旺家族捐款支持慈善事业已经达到几十亿元。当慈善成了一个企业家的另一项追求，家族企业与慈善事业二者相辅相成，企业向慈善提供源泉，慈善助力企业发展。家族慈善基金会设立完成，福耀集团的企业形象提升很快，公司股价和企业效益一路攀升。曹德旺的儿子曹晖自 2006 年 9 月 16 日以来，任上市公司董事、总经理，负责公司的日常经营管理，家族企业正逐步实现代际传承和接班。

第二节　家族为什么要设立基金会？

因为家族基金会是家族的公益事业的发起机构，是家族价值观的重要载体，是体现家族与社会关系的重要纽带，也是家族成员之间承担家族责任、分享家族荣耀的重要平台。家族基金会因此就天然具备了家族价值观、家族精神和家族文化基因。一个家族基金会的建立，能够使得家族荣誉有了依托，家族成员的共同责任有了具体的落脚点，家族成员能够超越家族财富与控制力的争夺，有了更高尚的价值观以及更大的责任，因此，在文化上能够使得家族更和谐，家族文化和基金更好地得以传承。

台塑集团创始人王永庆于2008年10月15日在美国去世。生前他没有留下分配身后巨额遗产的遗嘱，但他给子女们留下了一封信，信中有一段话这样写道："我希望所有子女都能够充分理解生命的真义所在，并且出自内心的认同和支持，将我个人财富留给社会大众，使之继续发挥促进社会进步、增进人类福祉的功能，并使一生创办的企业能达到永续经营，长远造福员工与社会。"早在1976年，王永庆便捐股成立了慈善基金——长庚纪念医院（以其父亲王长庚名字命名），作为台塑集团的主要股东。到2008年，该基金分别持有"台塑四宝"——台湾塑料工业、南亚塑料工业、台湾化学纤维及台塑石化的股份，集团公司内部通过交叉持股，实现集团股权稳固紧密。长庚医院作为非营利机构，可谓一举两得：一得，可以造福百姓，回报社会，推行公益慈善事业；二得，成功地将台塑集团的控股权集中锁定。因企业股权完全与家族脱钩，家族成员不仅没有所有权，而且也没有受益权，所以，排除了家族成员之间争夺企业股权的可能性，防止了企业被瓜分；即使有遗产纠纷，企业的正常运营也不会受到影响，家族企业永续经营的理想得以实现。

第三节　家族基金会成功的关键

从家族基金会角度来讲，能否实现持续成功的运营，实现家族的价值理想，取决于三个关键因素。

第一，家族基金会要有明确的理想和价值观，并持之以恒贯彻下去。价值观是家族基金会的灵魂。比如，卡内基基金会的宗旨是“增进和传播知识，并促进美国和曾经是英联邦海外成员的某些国家之间的了解。”洛克菲勒基金会的宗旨是“促进全人类的安康”。福特基金会的宗旨是“接受和管理资金以用于科学、教育与慈善目的，一切为了公众福利，此外无其他目的”。全球最大的印刷公司之一美国当纳利集团的创始人成立的家族基金会——当纳

利慈善基金会 “以推动慈善、科学和教育为目的”。老牛兄妹公益基金会致力于“通过支持儿童成长和青年创业项目关注下一代发展，用创新慈善理念引领社会进步”，以区别于老牛基金会。绝大多数基金会的宗旨都是推动公益事业的发展，促进社会的进步。

第二，家族基金会在运作上要法治化、规范化。任何一个基金会要想长久健康地存在和发展，都必须要有一个有效的治理结构。以老牛基金为例，作为创始人的牛根生担任老牛基金会荣誉会长，全程参与老牛基金会理事会活动，但并不干预基金会日常业务的开展，更多的是从社会责任、慈善理念、发展规划等大方向上为基金会提供指导。老牛基金会自正式成立就实行“理事会领导下的秘书长负责制”，由秘书长具体签署决策性文件。创始人牛根生与秘书长设立了定期会商机制，沟通基金会的重大事项。根据《中华人民共和国基金会管理条例》第三章第二十条第 2 款规定，“用私人财产设立的非公募基金会，相互间有近亲属关系的基金会理事，总数不得超过理事总人数的三分之一”，在老牛基金中，牛氏家族成员仅列席理事会活动以及参与基金会项目。老牛基金会理事、监事全部由来自全国各地不同行业热心公益的人士组成。理事会中有管理团队的负责人(秘书长)，代表管理团队发表意见并参与表决，有各专业领域的专家，有投资理财方面的专业人士代表。还有法务方面的代表，帮助基金会盯住法律红线。

第三，家族基金会要有保值增值，实现基金会的持续运作。家族基金会能否实现基金资产的保值增值是非常关键的。以诺贝尔奖基金会为例。诺贝尔奖基金会成立以后，根据诺贝尔本人的初衷以及 1901 年瑞典国王批准通过的评奖规则，这笔基金应投资在“安全的证券”上，确保基金的保值增值。之后，基金主要投资于“安全的证券”上，即“国债与贷款”。随后，随着每年奖金发放、运作开销及税收等支出，到 1953 年，该基金会资产只剩下 300 多万美元。诺贝尔基金会的理事们被迫在 1953 年做出突破性的改变，将基金管理章程更改为以投资股票、房地产为主，扭转了基金的命运，到 1993 年基金的总资产滚动至 2 亿多美元。该基金会 2011 年年报显示，他们的投资原则是：50%左右股票（上下浮动 10%)、20%左右固定资产（上下浮动 10%）和 30%左右另类资产（上下浮动 10%），另类资产则包括投资不动产和对冲基金。

检
43